はじめてのひらがな、カタカナ

一年生担任の

京女式《きょうじょしき》 国語の教育技術

著／吉永幸司　編／小学館「教育技術」編集部

はじめに

入門期の国語教室

京都女子大学教授
京都女子大学附属小学校校長
吉永 幸司

一年生の国語科授業を「入門期の国語教室」という言い方をするのが好きです。「入門期」という言葉には未知の世界に向かう緊張感という意味があります。それ以上に、これから生涯、勉強を続ける鍵を手にする段階に入ったという気持ちを強く持つからです。

一年生の教科書を開くと、絵と短い言葉が飛び込んできます。「きれい・かわいい」という感想から、これでどのように授業をするのだろうと考えていくと、楽しさよりも不安になるのも一年生の担任の気持ちです。

指導計画では、絵だけのページで一時間授業をするようになっています。少し後の方になっても、短い文しか出てきません。授業に不安や迷いが出てきます。

一年生の授業で大事にしたいことは「国語の勉強は楽しい」と思い込んでもらうことです。国語は、言葉の勉強です。言葉は、授業でも生活でも使います。言葉は中学校になっても大人になっても使います。言葉は考える力の基礎でもあります。一年生の国語の授業は、言葉との出会いなのです。「国語が嫌い」と思われてはいけないのです。

「国語が楽しい」と思える授業のキーワードは「丁寧」です。授業をして

いると、すぐに答えを求めたくなります。早く、成果を上げたくなります。成果を急ぐと授業が粗くなります。「丁寧」は、時間を必要とします。丁寧な話し方、丁寧な板書、丁寧に子どもの話を聞くなど、どれも、時間と手間を必要とします。

丁寧を大事にするのは、国語の力が、これからの学習に大きな影響を与えるからです。入門期ですから、どの子もが、文がすらすら読めるようになる、正しい文で書ける力を育てるのです。

一年生の国語が、毎日、時間表に組まれています。「今日はどんな勉強をするのだろう」という期待感が必要です。そのためには、ちょっとした授業の仕掛けが必要です。ちょっとしたことが学習意欲を高めるのも一年生です。「楽しい授業」をつくることは難しいことではありません。「国語を勉強したから、いい子になった」と思えることを積み上げることです。本書は、一年生の子どもが国語を好きになるようにと、色々な方法や智恵をまとめたものです。本書を手がかりに、「国語大好き」と思える子が増えて欲しいと願っています。

入門期という言葉に魅力を感じる授業づくりに役立てば望外の喜びです。

平成24年4月

目次

はじめに　入門期の国語教室……2

第1章　はじめての国語教室

京女式ポイント

4月
1 国語の勉強は賢い子を育てる……8
2 平仮名指導は、丁寧に教えることが原則……10
3「止める・ハラウ・ハネル」を意識させる……11
4 宿題は、学習習慣を育てることを目的にする……12

5～6月
1 国語授業に対して敏感に反応する……14
2 音読、ノート指導で学習活動を明確にする……15
3 できたこと、覚えたことを大事にする……16
4 国語の勉強は窮屈。だけど、それが楽しい……18
5 言葉の数を増やすことを、大事にする……19

7～8月
1 七月は担任が頑張るとき……20
2 夏休みまでに育てておく国語の力……21
3 夏休みを見通した国語授業の展開……22

9～10月
1「はじめて」を大事にして学習の足場を固める……26
2「漢字や片仮名を覚えることが大好き」を生かす……28
3 はじめての国語テストやプリント学習の学び方を教える……29

11〜12月 1 楽しい「読むこと」（物語文）指導のポイント……32
2 わかりやすく楽しい授業をつくる……34
1〜2月 1 正しく「読むこと」（説明文）指導のポイント……38
2 正しく読むことを大事にした授業をつくる……39
3月 1 考える力を育てる書くことの指導……44
2 意欲的に書く子を育てる指導のポイント……46

第2章 京女式ノート指導術

4月 大好きな言葉遊び **しりとりをしよう**……52
5月 国語の勉強に自信を持たせる **ことば集め**……54
6月 「書く」時間をしっかりとる **何が隠れているのでしょう**……58
「書くこと」が目的 **文づくり**……62
7月 お話を読む **「おおきなかぶ」**……66
9月 言葉が好きになる **詩を書く**……70
9〜10月 言葉を覚える **自己紹介を考える**……74
10〜11月 知識が増える **はたらくじどう車**……78
11〜12月 学習意欲を高める **むかしばなしがいっぱい**……82

コラム

Column…1
お母さんに言っておくネ……13
Column…2
口パク（?）に要注意……31
Column…3
具体的に話せる子を育てる……50
Column…4
聞く力を育てる……86

●絵日記の指導法……87
絵日記の読み方……88
絵日記の効果……92
絵日記からの成長……96
京女式　絵日記の指導術……100
●ノートの総点検……102
詩……102
説明文……106
物語文……110

第3章 ワークシート

せんの　れんしゅう……114
あいうえおの　れんしゅう……116
ていねいに　かきましょう……118
もじを　なぞりましょう……120
にているけれど　ちがう　ことば……122
ただしく　かきましょう……124
ただしい　もじを　かきましょう……126
ただしく「つ」「っ」を　かきましょう……128
ただしく　かきましょう……130
ことばで　あそぼう・しりとり……132
ぶんを　ていねいに　かきましょう……134
ぶんを　ていねいに　かきましょう……136
かたかなを　かきましょう……138
かんじを　かきましょう……140
よみかたを　かきましょう……142
かわる　よみかた……144
ただしいのは　どちらでしょう……146
文に　あう　ことば……148
なんばんめに　かく　じ　でしょう……150
じどう車の　なまえ……152
正しく　かきましょう……154
かくれている　ことば……156
こたえ……158

第1章
はじめての国語教室

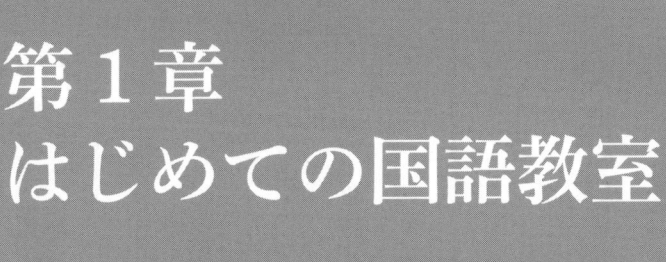

卯月《うづき》

4月

京女式ポイント

1. 国語の勉強は賢い子を育てる。
2. 平仮名指導は、丁寧に教えることが原則である。
3. 「止める・ハラウ・ハネル」を意識させる。
4. 宿題は、学習習慣を育てることを目的にする。

京女式ポイント 1

国語の勉強は賢い子を育てる

一年生は、一日平均二時間の国語の授業があります。「国語の勉強をすると賢い子になる」と思わせる授業は、楽しい学校につながります。特に、平仮名の勉強は、一年生にとって、うれしい学習の始まりです。「知っている」「書ける」という子どものつぶやきに惑わされないで、しっかりと指導をすることが大事です。

空間に書く。

手を伸ばして空間に書かせてみましょう。

その前提に次のことがあります。

○**鉛筆を正しく持ち、正しい姿勢で書くこと。**

○**平仮名を正しく発音し、書くこと。**

最初は、一文字ずつ正しく書かせ覚えさせます。形を覚えるには手で大きく伸ばし**空間で書かせて**から、ノートに書かせるという方法もあります。これらの学習を通して、勉強をしたら賢い子になることを意識させるのです。

学校へ行けば賢い子になると期待して登校をする、一年生の期待に応えることが大切です。

京女式ポイント 2

平仮名指導は、丁寧に教えることが原則

入学時に平仮名や片仮名、漢字も覚えている子がいます。その隣には、書けない、読めない子がいます。入学当初は、言葉の力の開きは大きく、戸惑うことが多いのです。しかし、平仮名や漢字が書ける子も、書けるとか読めるということであって、一年生として勉強をしてきたのではありません。

だから、「あいうえお」の書き方、発音、鉛筆の持ち方まで丁寧に指導をすることが一年生の授業の始まりです。

ポイントは「先生の話を聞いて活動をする」をくり返すことです。

指導は、「鉛筆を正しく持ちましょう」「平仮名を先生のように書きましょう」など、その都度、**指示をしてから活動をさせる**ようにします。

京女式ポイント 3

「止める・ハラウ・ハネル」を意識させる

平仮名を覚える、書けることがうれしい子どもたちです。教師はその勢いに押されて「止める・ハラウ・ハネル」の指導が手薄になります。そのまま放っておくと、文字が乱雑になっても平気な子に育ちます。そのようにならないために、最初の指導は、**筆順を①②③と唱え、「まっすぐ横に・止めてハネル」と、言葉を添えて指導をすると効果があります。**また、「あさひのあ」「あめのあ」と、語句と結びつけると知っている言葉が文字になっていく喜びを体験します。

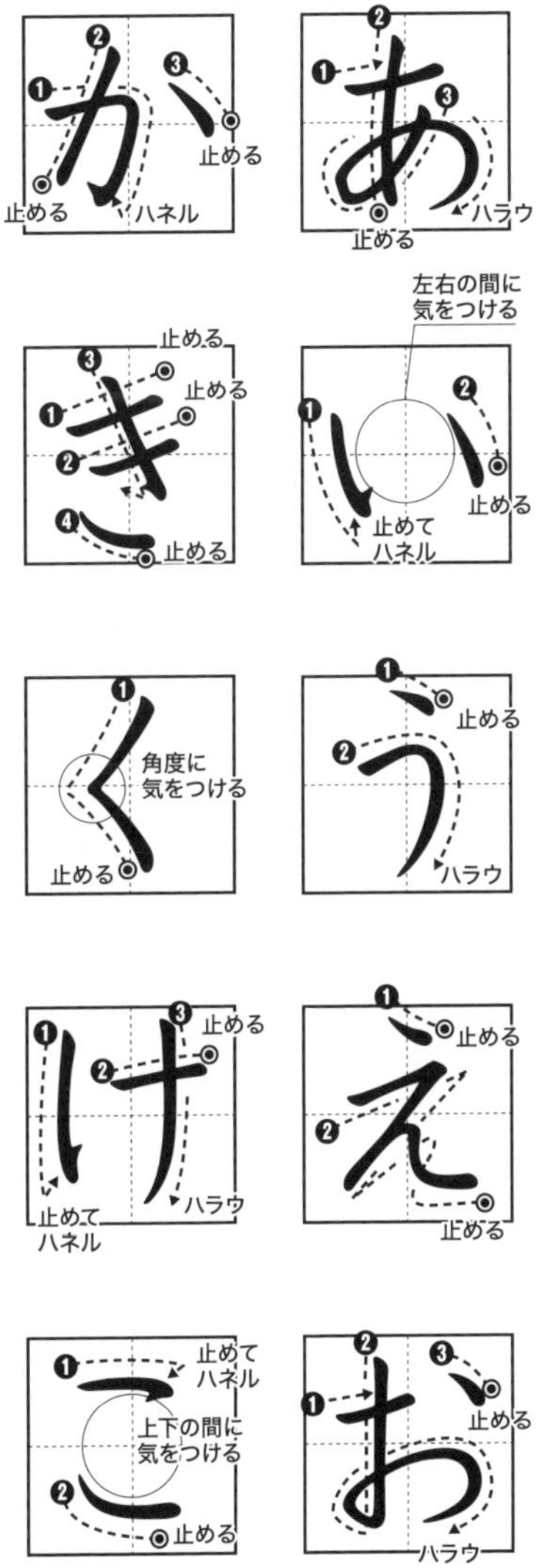

京女式ポイント

4

宿題は、学習習慣を育てることを目的にする

宿題は、学力を定着させることが主な目的です。が、最初の段階は、家庭における学習習慣を育てることに目的を置くことが大事です。ワークシート（第３章参照）の「なぞる・うつす」のように平易な学習活動になるようなワークシートを作ると評価や点検に手間がかからないうえ、指導がきめ細かにできます。さらに、勉強好きの一年には「宿題ができた」という充実感を持たせることが大事です。

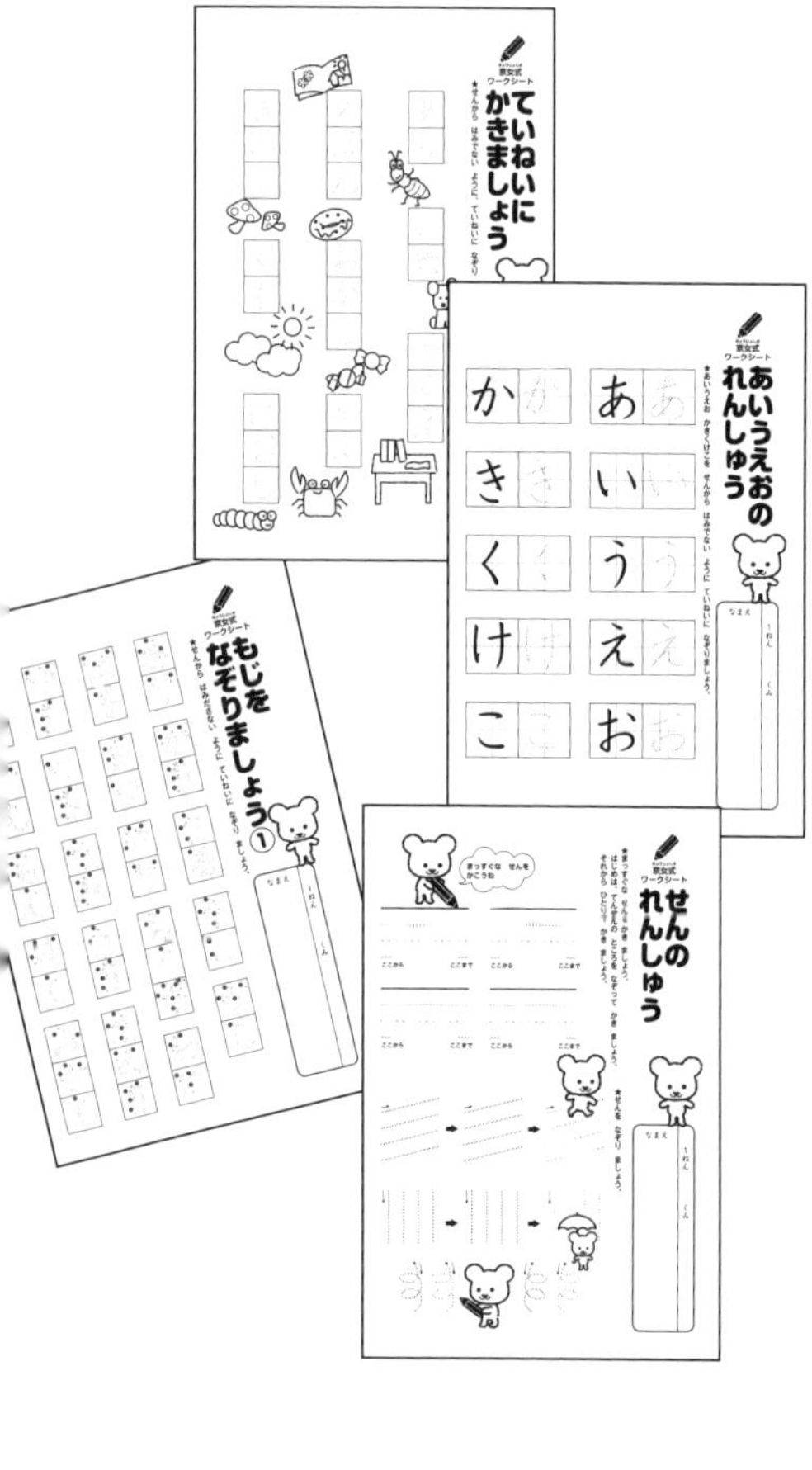

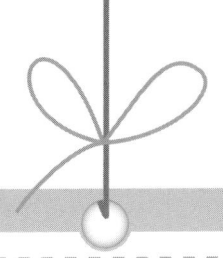

Column....1

お母さんに言っておくネ

作文を宿題にした時のことです。月夜にお母さんと散歩をしたことを詳しく書いていました。会話も様子も上手な作文でした。

上手に書けているので、ほめるつもりでした。そして、もう一度読み返しました。その時、文の書き間違いが見つかったので、次のように助言をしました。

「月もいっしょに散歩したことがとても上手に書けています。直すともっとよくなるのが一つあります。」

と、言って直すところを指示しました。作文についてほめてもらったのが嬉しくにこにこしていました。そして、間違いについて、

「先生、よく分かったよ。お母さんに言っておくね。」

と､言ったのです。正直な言葉でした。得意そうに自分の座席に戻っていく後ろ姿を見ながら「お母さんに言っておく」を考えました。１年生の宿題は、親の力を借りていることを知る機会でした。ほめていてよかったと胸をなで下ろした出来事でした。

評価の発言も言葉を選ぶことが大切です。

皐月《さつき》／水無月《みなづき》

5/6月

京女式ポイント

1. 国語授業に対して敏感に反応する。
2. 音読、ノート指導で学習活動を明確にする。
3. できたこと、覚えたことを大事にする。
4. 国語の勉強は窮屈。だけど、それが楽しいことを教える。
5. 言葉の数を増やすことを、大事にする。

京女式ポイント 1

国語授業に対して敏感に反応する

五月・六月の一年生は四月とは違うと思うことが多くなります。授業中よそ見をする、勝手に立ち歩く、ノートに落書きをする等。四月は利口だった子がどうして、と悩む時でもあります。これは、**子どもが変わったのではなく、四月の緊張感から解かれ、本来の姿になっただけのことなのです。**だから、放っておけば、丁寧に書いていたノートの文字は益々乱雑になるでしょうし、授業中、私語を平気でするようになります。**本来の自分の姿を表す子たちに、勉強の仕方や言葉の使い方を丁寧に指導する時期なのです。**

京女式ポイント 2

音読、ノート指導で学習活動を明確にする

五月・六月は、説明文や物語文の学習が始まります。平仮名の指導を丁寧に指導していた四月の頃と比べると、時間も気持ちも余裕がなくなってきます。授業の進度と子どもの理解に個人差が出るときでもあります。

授業の進度で悩む時、**国語の基本となる読む・書く活動に立ち返ると授業に緊張感が戻ります。**教材の文章を音読します。音読をくり返すことにより、文型や言葉の使い方を知り、音読の快さを覚えます。読む活動は、理解の早い遅いを問わず、確実に勉強が好きになります。

書く活動は、子どもにとって分かりやすい活動です。特に、ノート指導を丁寧にすることは、学習習慣の基礎を育てる上で効果があ

ります。丁寧な指導とは、教師の指示通りに書き写したり、始まりの位置を指示したりすることです。ノートを書くことは、快い緊張感があり、学習意欲が高まります。

京女式ポイント 3

できたこと、覚えたことを大事にする

できた、分かった、覚えたことを大事にすると国語が好きという子が増えます。初めての説明文教材に、「くちばし」（光村1上）があります。「これは、なんのくちばしでしょう」という問いの文が

あり、「これは、きつつきのくちばしです。」という答えの文を読みます。

問いに対して答えるという活動は、それほど難しいことではありません。しかし、**教材を読んでいくと、新しい知識や正しく答える方法を学ぶことができます。**その要素として、文型や語句があります。具体的には、長いくちばしの写真から、「さきがするどくとがったくちばし」という説明、「するどく」という語句などを覚えます。文が読める、文章の仕組みがわかる、語句を覚えるという活動が学習意欲を高めます。

また、「はなのみち」のように、想像を働かせて読むとお話が楽しくなることを理解します。「おむすびころりん」のように長いお話を読むとき、みんなで学習をすると、一人で読んでいる時には気づかなかったおもしろさや新しい見方や考え方が増えていくことに気づきます。

学習の活動、自分の考えをみんなの前で話ができたこと、友達の話に対して先生がうなずいていたこと、などみんなでお話を楽しむことの意味を理解します。五月・六月は、**いろいろな学習経験を通して国語授業の形を覚えていくのです。**

京女式ポイント

4

国語の勉強は窮屈。だけど、それが楽しい

一年生は、国語の授業は窮屈だと思っているでしょう。鉛筆の持ち方から、声の出し方、発表の仕方などを含めて約束事が多く、気持ちを伝える言葉も増やさないといけないし、文字も丁寧に書くことを求められます。

しかし、子どもの気持ちに寄り添うだけでは、学習習慣は曖昧になります。**「国語の勉強は窮屈」に気づかせることが大事です。**窮屈さを乗り越えると楽しい学習につながることを理解させ、気儘になりがちな学習態度を律し、**楽しさへ導くようにしたいものです。**これから生涯続く学習の始まりです。従って、学習態度の指導も手厚くする必要があります。

先生が教えた通りに
勉強すると
利口になるよ。

京女式ポイント 5

言葉の数を増やすことを、大事にする

五月・六月は言語事項の学習内容が多いのが特徴です。促音や拗音の指導、「は・へ・を」等の学習事項を確実に習得させる必要があります。文字を覚え、**覚えたばかりの文字で文章を書くことの楽しさも覚えていきます。**「かき」と「かぎ」、「ごま」と「こま」の違いを見分けることで**言葉の不思議さに気づきます。**「つ・っ」の使い分けや「おとうさん」や「おとおさん」の**正否の区別をつけることも覚えます。**量として増えていくこのような言語事項を国語の授業だけで定着させることは難しいのです。宿題や家庭学習などの中に組み入れて学習習慣を育てるように配慮することが大事な五月・六月です。

文月《ふみづき》／葉月《はづき》

7/8月

京女式ポイント

1 七月は担任が頑張るときである。

2 夏休みまでに国語の力を育てておく。

3 夏休みを見通した国語授業を展開する。

京女式ポイント 1

七月は担任が頑張るとき

七月になると、一年の担任は急に忙しくなります。忘れ物や、子ども同士のトラブル、怪我の対応などが増えるからです。予定をしたことはできないうえ、「先生、せんせい」とつきまとわれます。四月はかわいく思えていたのに、余裕がなくなると煩わしくなります。さらに、水泳の指導や夏休みの宿題の準備、朝顔や植物の世話などもしなければなりません。
これらの日常的な問題に関わりながらも、夏休みを迎えるための準備の時になります。学習習慣が身についたばかりなので、夏休みにその習慣を持続させないと、二学期の始まりに一学期以上の手間と時間を必要になるから手を抜くことができません。夏休みは入学以来育ててきた国語の力をレベルが下がらないようにするためには、しっかりとした実態の把握が大事です。

七月を上手に乗り越えるには、今までの指導の成果を確かめ、夏休みをどのように過ごさせるかという視点を持つことです。そうすると、子ども一人ひとりの成長と課題がはっきりしてきます。

七月は担任が頑張る時です。

京女式ポイント 2

夏休みまでに育てておく国語の力

四月から三か月以上の時間をかけ、文字を指導し、勉強や生活の仕方を教え、成果が上がってきました。いよいよこれから本格的に指導をしようという時に、夏休みを迎えます。国語や算数は毎日の

京女式ポイント 3

夏休みを見通した国語授業の展開

学習の積み重ねで力が持続します。継続して学習ができるように夏休みまでに次に示す力を育てておくことが大切です。

○平仮名を読み、書けるようになっている。
○絵本やお話の本が読めるようになっている。
○したことや見たことが、文で書けるようになっている。

夏休みまでに育てておきたい国語の力があります。国語授業の展開例を考えてみましょう。

平仮名をすらすら読み、書けるようにする

平仮名を読む、書く活動には二つの方法があります。**一つはノートに文字を美しく正しく書くことです（文字やノートの使い方は『京女式ノート指導術２』参照）。もう一つは、語句を間違いないよう量を増やすことを目的に書かせることです。**

この両方の力を育てるには、語句に関心を持たせることと文字を丁寧に書かせる活動をくり返すことです。そのためには次のような学習活動をくり返すと効果があります。

○言葉あそび（しりとりや生活の中の言葉集め）を通し語句に関心を持たせ、語句の量を増やすようにする。

○拗音や促音などはくり返し書くことを通して覚えさせる。

○教科書やお話の本を音読し、語や文に親しむ機会を多くする。

一年生は、できることとできていないことの境目が曖昧です。平仮名を十分に覚えていなくても「平仮名は全部書ける」と胸を張ります。「勉強をしっかりしているの」と尋ねられると「できている」という返事をします。家庭では、「学校へ楽しく行っていればいい」という気持ちもあって、曖昧になります。文字を覚える、言葉に関心を持つことの大事さを保護者にも知らせ協力を得ながら、つまづきを克服させましょう。

絵本やお話の本を読めるようにする

夏休みまでに育てておくべきことは、一冊の本を読める力を育てることです。夏休みに活字に親しんで過ごす子とそうでない子との違いは、最初は小さくても、だんだんと開きが大きくなります。

国語の授業ではどんな本を読んだのかということを話題にして友達と紹介をするような機会を設けます。そのことが、学級に本を読むことはよいことだという雰囲気を育てていきます。文字を読むことに抵抗はないかどうかを見極め、本が大好きといえる子を育てる始まりにしましょう。


したことや見たことが、文で書けるようにする

夏休みに絵日記を書ける子に育てておくことは、国語の力を持続させるために大事な学習活動です。書くことは、考える力、見つける力、思い出す力を育てるなどいろいろな力の総合的な要因を含んでいます。夏休みの宿題にして書く習慣を身につけさせましょう。

しかし、夏休み前の子どもは文を書くまで育っていないというのが実態です。日記を書くことには、なじめない子もいるのです。

夏休みまでに絵日記が書ける力を育てるために、次の手順で指導し、書けるようにさせましょう。

①経験したことを絵に書く。

絵を書くことは一年生の好きな活動です。昨日のこと、したことを絵を通して思い出させ、文へつなぎます。

②絵に書いたことを説明する。

絵を書くことで言葉が生まれます。誰、いつ、どこ、何をしたのかを話をさせるようにしていくと短い文が生まれます。

③説明したことを文に書く。

話したとおりに文章を書かせます。書くことができない子には、教師が書くという配慮が必要です。長い文でなく文末を意識して書かせるようにします。一文でも二文でも書くことに満足感を持たせます。

④絵を書きながら思い出したことを文に書く。

絵日記への導きをします。絵日記が書けることに自信を持たせます。

長月《ながつき》／神無月《かんなづき》

9/10月

京女式ポイント

1. 「はじめて」を大事にして学習の足場を固める。
2. 「漢字や片仮名を覚えることが大好き」を生かす。
3. はじめての国語テストやプリント学習の学び方を教える。

京女式ポイント 1

「はじめて」を大事にして学習の足場を固める

はじめて一年を担任した時のことです。夏休みという長い時間を過ごしてきた子どもたちに対して、最初の授業は何をしようかと迷っていました。その時、先輩から「座席の隣の子の名前を思い出させることから始める」という助言をいただきました。

その時は、納得できませんでした。しかし、迷いが大きかったの

で、その通りに実践をしました。

それまでは、夏休み前の続きの気持ちでした。だから、最初から漢字を教えよう、発表をさせようと勢い込んでいました。

しかし、実際は平仮名は読めても書き方を忘れている子がいます。また、文字の形や書き順は正しく書けない子がいます。もし、先輩の助言がなかったら、「これくらいはできるだろう」と思い込み、無理な学習をさせていたと思います。

おとなにとっては何回も経験している夏休み。**しかし、一年生には、「はじめて」のことです。**一学期に育てたことを思い出させながら、新しい学習へ導いていく余裕がほしいと思います。

はじめの一週間は、鉛筆の持ち方やノートの使い方、そして、平仮名の書き方、教科書の持ち方、音読の仕方など、学習の足場を固めることを大事にしました。

京女式ポイント 2

「漢字や片仮名を覚えることが大好き」を生かす

「一・二・三」「山・川・林」などの漢字を覚えます。漢字を習得するとおとなに近づいた気分になるのでしょう。漢字を習ったその日は、一年生先生が家族に教えるという話をよく聞きます。

「仕事から帰ると、漢字を覚えたことを話してくれました。私の書き方は、細かくチェックをされました」

得意になって、学校ごっこの先生役をしている子どもの姿が見える報告を聞くことが多いのです。

また、「ひとつ・いっぽん・いちまい」と「一」の一文字が色々な読み方ができることを学び、心が動くのも一年生です。

片仮名の学習も同じです。片仮名が読めることがうれしいし、片仮名で書く語と平仮名で書く語との違いがあることの発見が国語に興味を持たせ、意欲を高めます。

「漢字や片仮名を覚えることが大好き」を生かしノートに書かせたり、ワークシートで覚えたことを確かめ、意欲を持続させることが大事です。

京女式ポイント 3

はじめての国語テストやプリント学習の学び方を教える

ノート、ワークシート、国語テスト、プリント学習が始まります。時々、「はじめて」を忘れて、「名前を書きましょう」「答えを書きましょう」と簡単に指示をします。プリント学習やテストに慣れている子が「答えができました」「答えが書けました」と、すぐに反応をします。それだけですべての子ができていると思い込むことが多いのです。

しかし、その時、「できた・書けた」というのは、「できたように思っている」と理解し、多くの子はわからないはずであると捉え、書き方の指導が必要です。

国語の授業で、プリントや国語テスト、書き方を指導することは、「指示したことを聞く」という大事な言語活動です。

名前を書く、問題文を読む、答えを書くなど指示することは多いのです。

「答えを横に書きなさい」と指示をされても、どこに書けばいいのかわからないと言い出した子がいたことを時々思い出します。**「はじめて」を大事にし、どの子も全員が満点になるようにこまやかな**

配慮が必要です。

また、ノートの指導は、国語学習の基礎になります。日付を書く、黒板を写す、マス目からはみ出さないように文字を書く、というような約束ごとを決めると学習意欲が高まります。

指示通りにできる子の横で、どのようにすればいいのかと不安を持つ子を見逃さないことが九月・十月の国語授業の基本です。「できた」「わかった」という子の横で、「わからない」子がいることに気づかうことが二学期はじめの授業ポイントです。

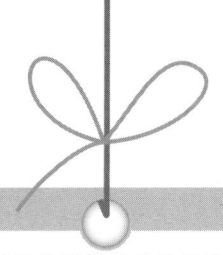

Column....2

ロパク(？)に要注意

授業で多くの時間を充てているのが音読です。声を出して本を読むことは大切な学習活動ですから、くり返し音読をさせます。

一斉に読ませると、音読が上手な子がリードするのでみんなが読めるようになったと思い込んでしまいます。一人で音読をさせても読ませる文が短いので、読む力が育っているかどうかわかりません。

一年生を担任していた時のことです。２学期も後半になって、文字が読めない子がいることに気がつきました。音読では、みんなと一緒に声を出しているので、読める子と思って気にしていなかったのです。

読めないのはどうしてかと気にして見ていると、文字を追っている目と声に出している文とが違うのです。つまり、文を読まないで聞き覚えのある文をいかにも、読んでいるよう声に出していたのです。

文字が読めていないことに気がつき、時間を見つけて、文を声に出して読ませる指導をくり返しました。その結果、3月には、教科書の文が間違いなく読める力が育ちました。音読ができても、文字が読めない子がいることを早い機会に気がついてよかったとほっとしたものです。

ロパク(？)と文字を読む力とは別だ、ということをその子から学びました。

霜月《しもつき》／師走《しわす》

11/12月

京女式ポイント

1 楽しい「読むこと」（物語文）指導のポイントを生かす。

2 わかりやすく楽しい授業をつくる。

京女式ポイント 1

楽しい「読むこと」（物語文）指導のポイント

一年生の「読むこと」（物語文）の教材では、「くじらぐも」「たぬきの糸車」（光村図書出版）、「サラダげんき」「おとうとねずみチロ」（東京書籍）、「りすのわすれもの」（教育出版）など楽しい教材が多く見られます。これらの教材を指導するポイントは次のとおりです。

①声に出して読むことをくり返す指導をする。
②友達と一緒に答えを探させたり、発表させたりする指導。
③挿絵と文から想像するおもしろさをふやす指導をする。
④おもしろい言葉や文について考える指導をする。
⑤お話の続きを作ったり、劇や動作で楽しさを広げる指導。

これらのポイントには、国語の授業を楽しいものに思えるようにしたいという願いがあります。ポイントの①と②は物語文に限ったものではありませんが、物語指導では効果があります。③④⑤は教材の特徴を生かして指導の効果が上がる方法です。

京女式ポイント
2

わかりやすく楽しい授業をつくる

わかりやすく楽しい授業の実際を「くじらぐも」では、次のような学習活動になります。

「まわれ、みぎ。」
せんせいが　ごうれいを
かけると、くじらも、空で
まわれみぎを　しました。
「あの　くじらは、きっと
がっこうが　すきなんだね。」
みんなは、大きな　こえで、
「おうい。」
と、よびました。

①声に出して読むことをくり返す指導をする。

音読をくり返すと、「まわれ、みぎ。」と「くじらも、空で　まわれみぎをしました」の違いに気づきます。最初の「まわれ、みぎ。」

は、号令であるから、「まわれ、」で一呼吸をつきます。当然、声の大きさも違うことを見つけます。**声に出すことにより、登場人物の行動が想像できることを見つけると、楽しい勉強を意識するようになります。**

②友達と一緒に答えを探させたり発表させたりする指導。

会話文の前後には、誰が言った言葉なのかを考える手がかりになるのが主語です。しかし、

「あの　くじらは、きっと　がっこうが　すきなんだね。」

には、主語がありません。

主語がないことを生かして、みんなで、主語を考える学習活動をすると楽しいでしょう。

A　男の子が女の子に言った。

B　子どもが先生に言った。

C　先生が子どもに言った。

答えを決める必要はありません。一人では考えられなかったことをみんなで考え、おもしろいことに気づくと国語の話し合いが好きになります。

③挿絵と文から想像するおもしろさをふやす指導をする。

発問はおもしろくて、楽しい授業をする大事な役割を果たしています。

○発問例

みんなはどんなことを考えて「おうい」と言ったのでしょう。

○発問例

みんなは、（　　　）大きな　こえで、「おうい」と、よび　ました。

（　　　）に入れる　言葉を考えましょう。

発問に答えることを通して、場面の様子をどのように理解しているのかを知ることができます。また、子どもは、**答えを探すために文章をくり返し読むようになります。**

④おもしろい言葉や文について考える指導をする。

子どもに理解させたいと思う言葉には次のようなものがあります。

○せんせいが　ごうれいをかけると、

○「あの　くじらは、きっと　がっこうがすきなんだね。」

○「おうい」と、よびました。

言葉を意識させることが考える力になります。意味を知ったり確かめたりする学習を通して文を理解することの大切さに気づいていきます。

⑤くじらぐもに聞いてみたいことやしてあげたいことを手紙に書き、楽しさを広げる指導。

声に出して読む活動をくり返す過程で、子どもたちは一年二組の子どもと一体になってお話を楽しむようになります。

その勢いはお話だけでは満足せず、くじらぐもへ自分の気持ちを伝えたいという思いが膨らみます。**その思いをくじらぐもに聞いてみたいことやくじらぐもにしてあげたいことなどを手紙に書くことで、広げていくと一年生の子どもの心に残る学習活動になります。**

睦《む》月《つき》 / 如《きさ》月《らぎ》

1/2月

京女式ポイント

1. 正しく「読むこと」（説明文）指導のポイントは学習の仕方から指導をする。
2. 正しく読むことを大事にした授業をつくる。

京女式ポイント 1

正しく「読むこと」（説明文）指導のポイント

一年生の説明文は、「じどう車くらべ」「どうぶつの赤ちゃん」（光村図書出版）「いろいろなふね」（東京書籍）「はたらくじどう車」「みぶりでつたえる」（教育出版）など、興味を持たせるような内容の楽しい教材が多く見られます。これらの教材を指導するポイントは次の通りです。

①文章を読み、初めて知ったことや不思議なことなど、**見つけたことを話題にする。**
②文章と写真や絵とを対応させ、**事柄を読み取る。**
③「何が」「どうしている」などを確かにして、**文章を正しく読むことができる。**
④同じような言葉でも、細かな使い方で意味が変わることを見つけ、関心を持たせる。
⑤**文章の大事なことをノートに書き、学習の成果を形に残す。**

物語文に慣れている一年生には、**説明文の読みは学習の仕方から指導をする**ことが大切です。文章を正しく読むとは、どのような学習をするのかということを指導の柱にします。

京女式ポイント 2

正しく読むことを大事にした授業をつくる

文章を正しく読むことの指導は「どうぶつの赤ちゃん」（光村図書出版）では、次のような学習活動になります。

①問いの文、答えの文を見つける力を育てる。

「どうぶつの赤ちゃん」の第一段落は次の文章でできています。

どうぶつの赤ちゃんは、生まれたばかりのときは、どんなようすをしているのでしょう。そして、どのようにして、大きくなっていくのでしょう。

この文章を読み、次のことを理解し、説明できることが文章を読む力です。

○話題は動物の赤ちゃんのことである。
○生まれたばかりのようすとどのように大きくなっていくのかが問いになっている。

学習をさせたい事柄は問いの文を見つけることです。「どんなようすをしているのでしょう」「どのように大きくなっていくのでしょう」など問題文を板書し音読させると効果があります。

②初めて知ったことや不思議だなと思ったことを話題にする

文章を読んで理解できているかどうかを知るには、感想を発表させると効果があります。

文末を「初めて知りました」「不思議です」と書くように指導をすると、ライオンやしまうまの何を読み取っているのかということを評価することができます。**子どもたちが、発言しやすい発表の仕方を指導することは、説明文の読み方とともに授業づくりの基礎です。**

しまうまの
生まれた
ときのこと、
初めて
知りました。

③大事なことをノートに写す

説明文は考える力を育てる上で大事な学習です。**大事な言葉や文を見つけたり、比べたりする学習活動は考えることに結びつきます。**

そのためには、ノートの活用が大事になります。

説明文のノート指導では次のことに留意すると効果があります。

○「何が、どうした」を意識して書くことで、説明の事柄を正しく読み取らせる。

○「生まれたばかり」「…なります」のように様子がわかる文をノートに写す。

○比べやすいようにノートに大事な文を書き写す。

④「比べる」を意識して関連づけて考える読み方を理解する

ライオンとしまうま、そして、カンガルーの赤ちゃんを比べるとそれぞれの動物のことが明確に理解できます。

ライオンは「大きさです」、しまうまは「大きさがあります」という叙述です。カンガルーには、「生まれたときは、たいへん小さく、一円玉ぐらいのおもさです」という表現に変わります。

また、ライオンは「えものをとる」、しまうまは「あんぜん・にげる」、カンガルーは「まもられる」から、動物の強さや弱さが理解できます。このような言葉をノートに書くことで文末の表現や語彙に対する関心を持たせる契機になります。

⑤「比べる」を大事にして考える力を育てる

動物同士を比べることと使われている言葉、あるいは、比べる方法や視点の違いが動物の特徴であることに気づかせることで他の動物に目を向けるようになります。

弥生《やよい》

3月

京女式ポイント

1 書くことの指導は考える力を育てる。

2 意欲的に書く子を育てる指導のポイントは話題の見つけ方を指導する。

京女式ポイント 1

考える力を育てる書くことの指導

一年生にとって書くことは、次のような活動から成り立ちます。

○何を書こうかと考える。
○何をしたかを思い出す。
○書いた文を読み返す。
○句読点や間違った文字や漢字を見つけ、直す。

これらのことは、二年生以上の子には当たり前のことです。しかし、一年生には、どれも初めての経験です。それぞれが考える力の育成と結びついているので、大事にしたいことばかりです。また、**一年生にとって書くことは、覚えたばかりの文字や漢字を使い表現する経験ができる大切な学習の機会です。**子どもには、それは、宝物を手に入れたような喜びです。

このような大事な学習活動ですが、時間が経つと、「面倒だ」とか、「書けない」と言って、嫌いになる子も出てきます。

その原因は、語句や語彙を知らない、文字が思うように書けないということです。また、「詳しく書く」「わかりやすく書く」と、条件をつけている教師の指示が負担になることもあります。**書くという新しい経験をするために鉛筆を持って机に向かっていることがすばらしいことだ、と思う気持ちが一年担任には必要です。**

かつて、一年生を担任した時のことです。文章が書けないという子がいました。その子に、

「昨日のことを思い出してみよう。何かお話が聞きたい」

と、働きかけました。「ない」と言いましたが、しばらくして、

「きのう、お兄ちゃんの誕生日」と答えました。

「それで？」と聞き出すと、
「ケーキを食べた」と答えました。更に、「それで？」と続け、聞き出した通り、書き写しました。しばらくすると、「自分で書く」と鉛筆を取り上げ、長い文を書いた子がいました。書くことのきっかけがあれば、書きたい気持ちがふくらんでくるという手応えを感じたできごとでした。

書けないのではないのです。書くことの指導に対しての丁寧さの有無が、書く活動につながるのです。

京女式ポイント 2

意欲的に書く子を育てる指導のポイント

書くことの指導では、次のことに配慮をすると意欲的に書く子が育ちます。

①思い出す範囲を決め、話題を選ぶ力を育てる

「思い出しましょう」と指示をしても一年生には通じないことが

多いようです。瞬間に思いついたことを話題にします。話題を選ぶ力は、書くことの学習では大事なことです。そのために、次のように範囲を示すと効果があります。

・学校へ来るまでのことから話題を見つける。
・学校で見つけたこと、発見したことから話題を見つける。
・友達や遊びのことから話題を見つける。
・家でしたこと、家の人のことから話題を見つける。

書きはじめる前に、話題の見つけ方を指導すると、書きたいことが複数以上みつかります。たとえば、

「お父さんと遊んだことや学校で遊んだことが書きたい」

というようになれば、話題を選ぶ力が育ったと評価ができます。

②書いてよかったという気持ちが、意欲的に書く子を育てる

意欲的に書く子を育てるには、書いてよかったという満足した気持ちを持続させることです。そのためには、細かなことに見える次のことに留意をすることが大事です。

○読んでほしいという子どもの気持ちに答えるようにする。

書いた文は、先生に読んでほしいのが一年生の気持ちです。**書いたことの気持ちに答える赤ペンや言葉かけをすることが意欲を高めます。**

○書いてよかったという気持ちにさせる。

赤ペンで書き加える場合、「よく書けました」「よろしい」というような抽象的な言葉だけでは、子どもに気持ちが伝わることは少ないでしょう。上手なことが理解できるような指導が大事です。

○書いた事柄に丁寧に答え、文を通して信頼関係を築く。

「先生もそのように思います」「走っている時、先生はずっと見ていましたよ」というように、**書きたいと思っていることに答えるようにすることが信頼関係を築いていきます。**

○書く前よりよくなったということに気づかせる。

書く前より利口になったことを教えます。長く書けている、正しい文字が丁寧であるなど、力が伸びているというところをわかりやすく指導すると書く力が伸びます。

Column....3

具体的に話せる子を育てる

一年生の一学期の主役はアサガオです。タネまきから、花が咲くまで長い時間、子どもたちの心の中にいつも気になる存在として位置を占めています。

ある朝、アサガオの花が咲きました。トップニュースとして、教室に駆け込んできます。

「先生。アサガオの花が咲いたよ。きれいだよ。たくさん咲いたよ。」

このように喜びを伝えている学級の先生は、「がんばったね」「いい子になりました」という言葉で子どもをほめています。

また、別の学級の先生は、「その手の挙げ方は、指の先が天井にむいています。よろしい。」「平仮名のハネが上手です。」と。具体的に指示をしたり、ほめている先生の学級の子は、喜びを伝えるのも具体的です。

「先生、アサガオが咲いたよ。白い花が二つ咲いたよ。赤い花のつぼみが3つあったよ。」

と、伝えます。具体的に話せることは、観察力や集中力が育っている子です。具体的に話すことをくり返し指導をすると語彙が増えます。具体的に話すことで考える力を育てるからです。

まず、教師の言葉を具体的にすることが考える子を育てる始まりです。

第2章
京女式ノート指導術

4月

大好きな言葉遊び
しりとりをしよう

しりとりは子ども達の大好きな言葉遊びです。「知っている」「できる」という気持ちが広がるからです。言葉遊びに満足させながら、したことをノートに書かせると「書くことは大事」という気持ちを育てます。はじめは、どの子も、同じことがらをノートに書けることを大事にします。

指導ポイント ❶

ノートを書く「はじめて」は**学習をした日を書かせることです**。「5がつ」の三文字でもかなりの時間をかけます。しっかりと書けたという満足感を持たせるためです。

指導ポイント ❷

「めあて」と板書します。そのあと、「しりとりをしよう」というように目標を書かせます。**ここには大事なことを書いているという気持ちを持たせます。**

指導ポイント❷
指導ポイント❶
5がつ12にち・さつき
めあて
しりとりをしよう。
しりとり↓りす↓すい
か↓かい↓いか↓かき
かんそう
しりとりをべんきょうしました。

＊こんな言葉かけ＊

「鉛筆の持ち方は正しいですか」「ヒトマスあけましょう」「書くところを指で押さえなさい」というように、**鉛筆で文字を書くまでの指導**をきめ細かに行うことがノートの学習習慣を育てます。

国語の勉強に自信を持たせる
5月　ことば集め

「ことば集め」は、一年生においても大事な学習です。平仮名が読めるようになった、平仮名で言葉が書けるようになった、ことばをたくさん覚えたということから、国語の勉強に自信が生まれるからです。ノートの書き始めは、「日付・めあて」を、毎日続けるとノートの使い方に慣れてきます。

指導ポイント ❶

「今日は、5月22日です」「5がつと書きましょう」というように、月と日を短く切って書かせるようにします。**指導においては慌てさせない、急がせないことです。**

指導ポイント ❷

「あいうえお」の五十音表をもとにノートに言葉集めをさせる学習方法が大好きです。**「め・ひ」のような場合は「芽・日」のように意味を教えながら**ノートに書かせると、文字と意味が言葉になることを覚えます。

指導ポイント❷

指導ポイント❶

がつ　にち　ようび

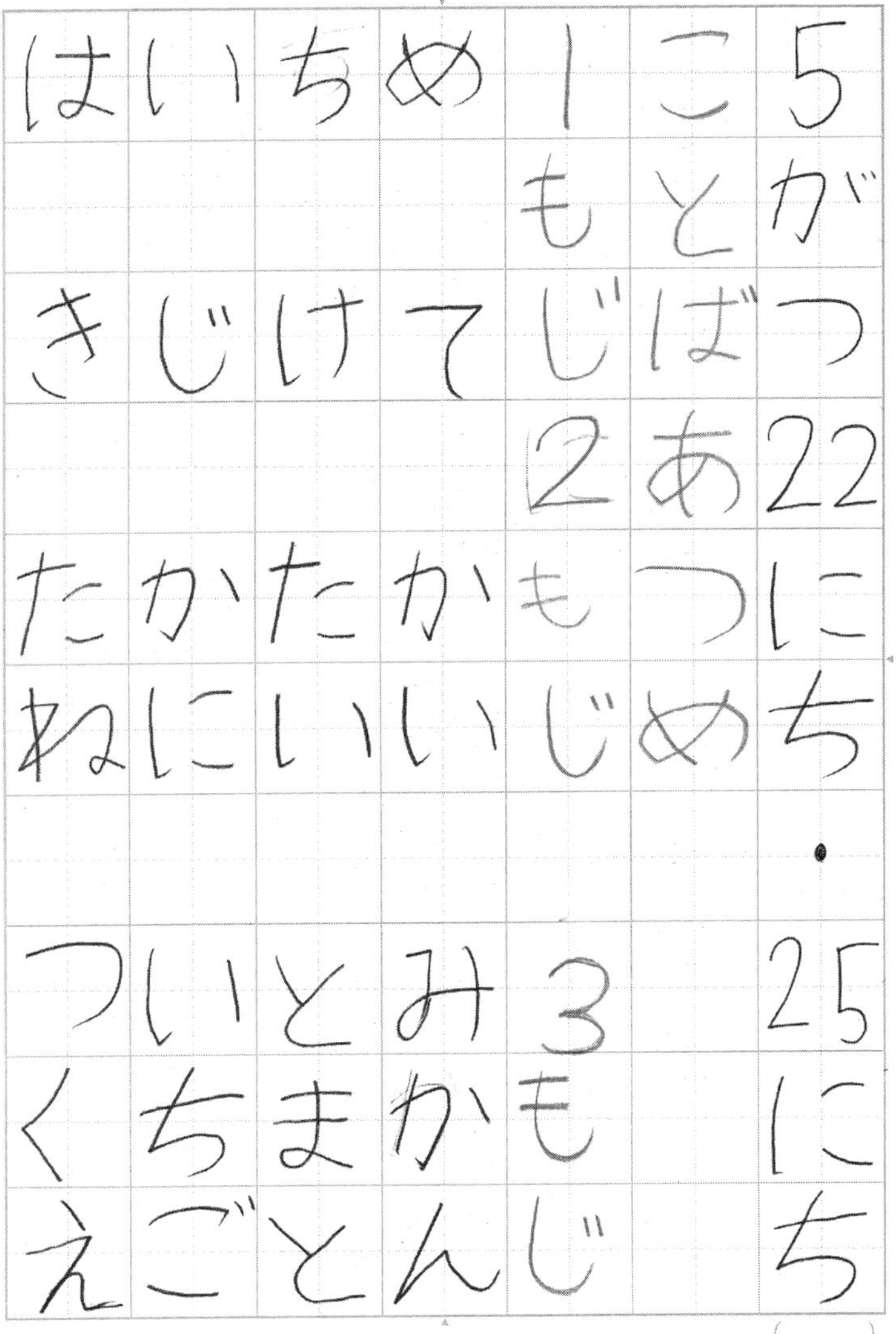
5がつ22にち25にち
ことばあつめ
1もじ2もじ3もじ
めてかいみかん
ちけたいとまと
いじかにいちご
はきたねつくえ

（　　）

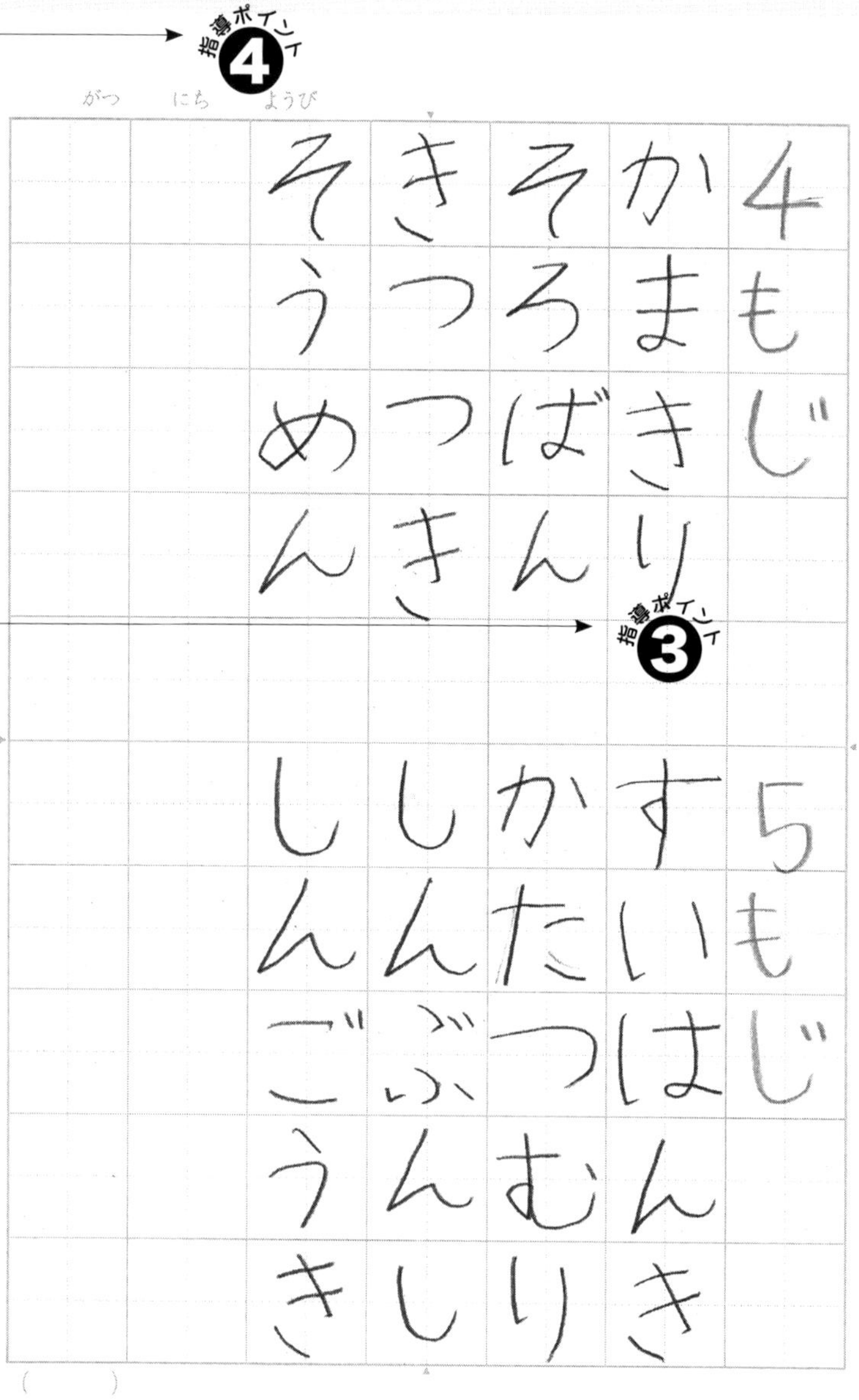
指導ポイント4
がつ にち ようび
4もじ
かまきり
そろばん
きつつき
そうめん
指導ポイント3
5もじ
すいはんき
かたつむり
しんぶんし
しんごうき

指導ポイント③

「ヒトマス空ける」という指示は簡単です。しかし、書かせることは難しい学習事項です。指示だけでできるようにするためには、時間をかけて丁寧に指導をすると、よいノートになります。

5月には「ことばみつけ」の学習も

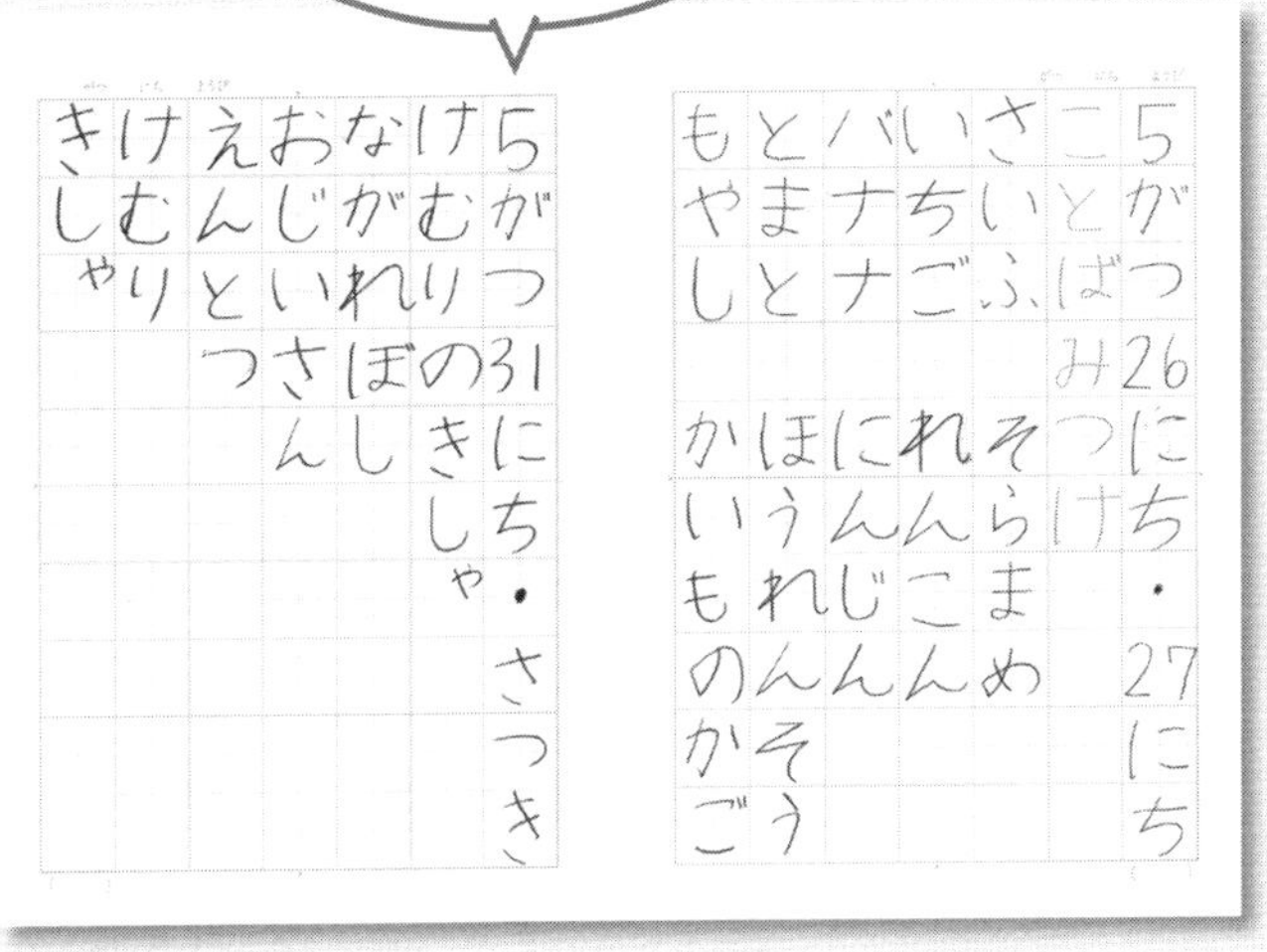

指導ポイント④

黒板に書いた通りにノートに書けているかどうかを評価し、個々に指導していきます。ノートの完成した形を考えて板書計画を立てるようにするのです。

＊こんな言葉かけ＊

「〈みかん〉の〈ん〉がおしまいになっていますか」「〈いちご〉のとなりは〈つくえ〉になっていますか」というように**「できている」ことを確認することが大事です。**

「書く」時間をしっかりとる

6月 何が隠れているのでしょう

説明文や物語文の指導をするようになると、ノート指導に迷いが出てきます。それは、ノート指導に時間がかかるからです。「書くこと」は国語の大事な活動です。迷わずに、授業計画の中にノートを書く時間を入れると、落ち着いて学習する学習習慣が育ちます。

指導ポイント ❶

「たんぽぽ」の「ぽ」のように、**間違いやすい平仮名の指導は、文字が出てくる度にくり返して見直させることです。**大事であることを意識させるために、**印をつける活動が効果的です。**

指導ポイント ❷

日付やめあてを書かせます。さらに、音読をさせた後、大事な文を見つけ、ノートに書かせます。そうすると、**ノートには大事なことを書くことであるという学習習慣が育っていきます。**

指導ポイント❶

指導ポイント❷

がつ　にち　ようび

たんぽぽ・さんぽ

6がつ17にち

なにがかくれているの

でしょう。

ばらのきに、なにか

（　　）

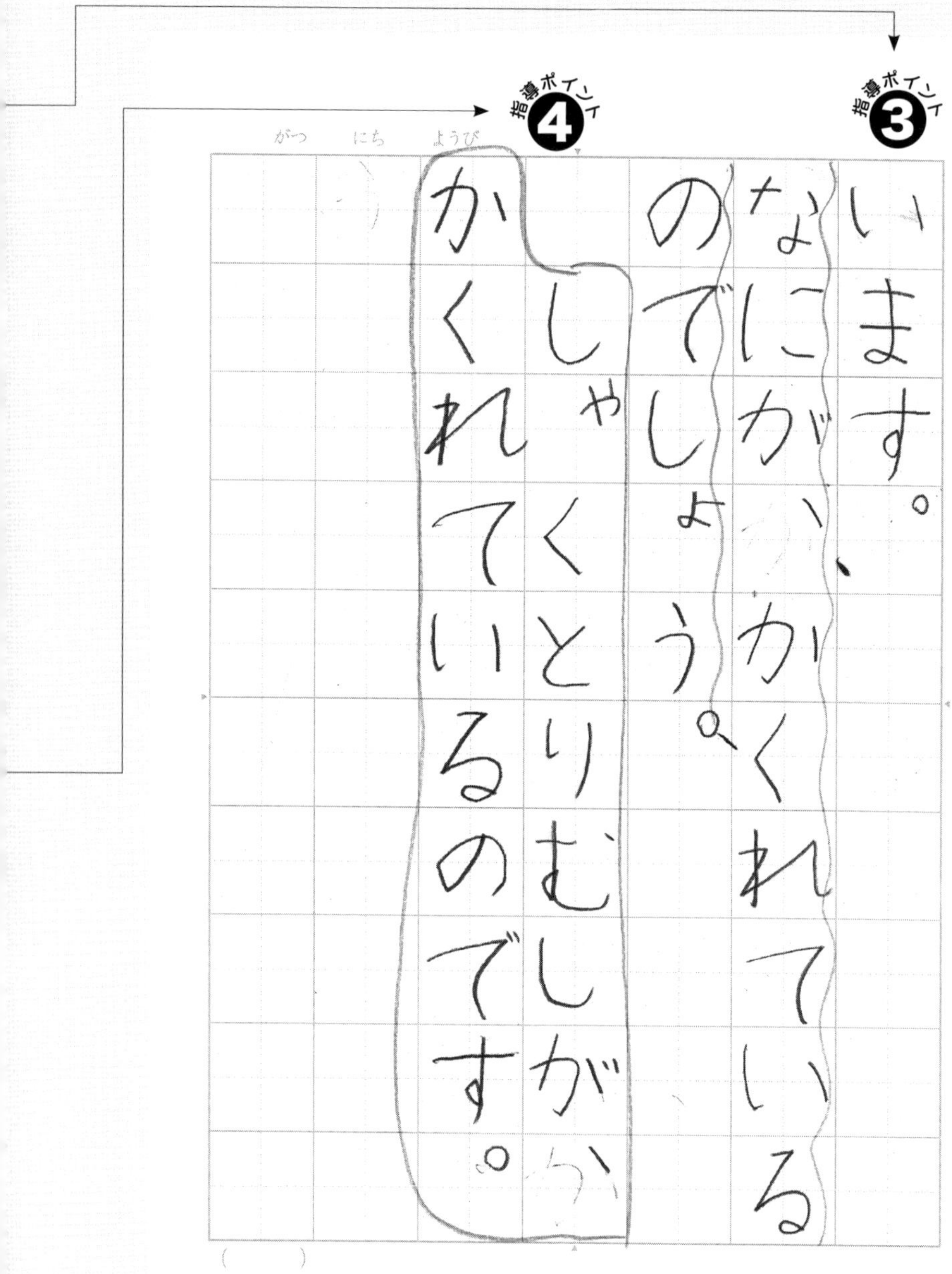
指導ポイント③
指導ポイント④
がっ
にち
ようび
います。
なにが、かくれている
のでしょう。
しゃくとりむしが、
かくれているのです。

6月には
「つまることば」
の学習も

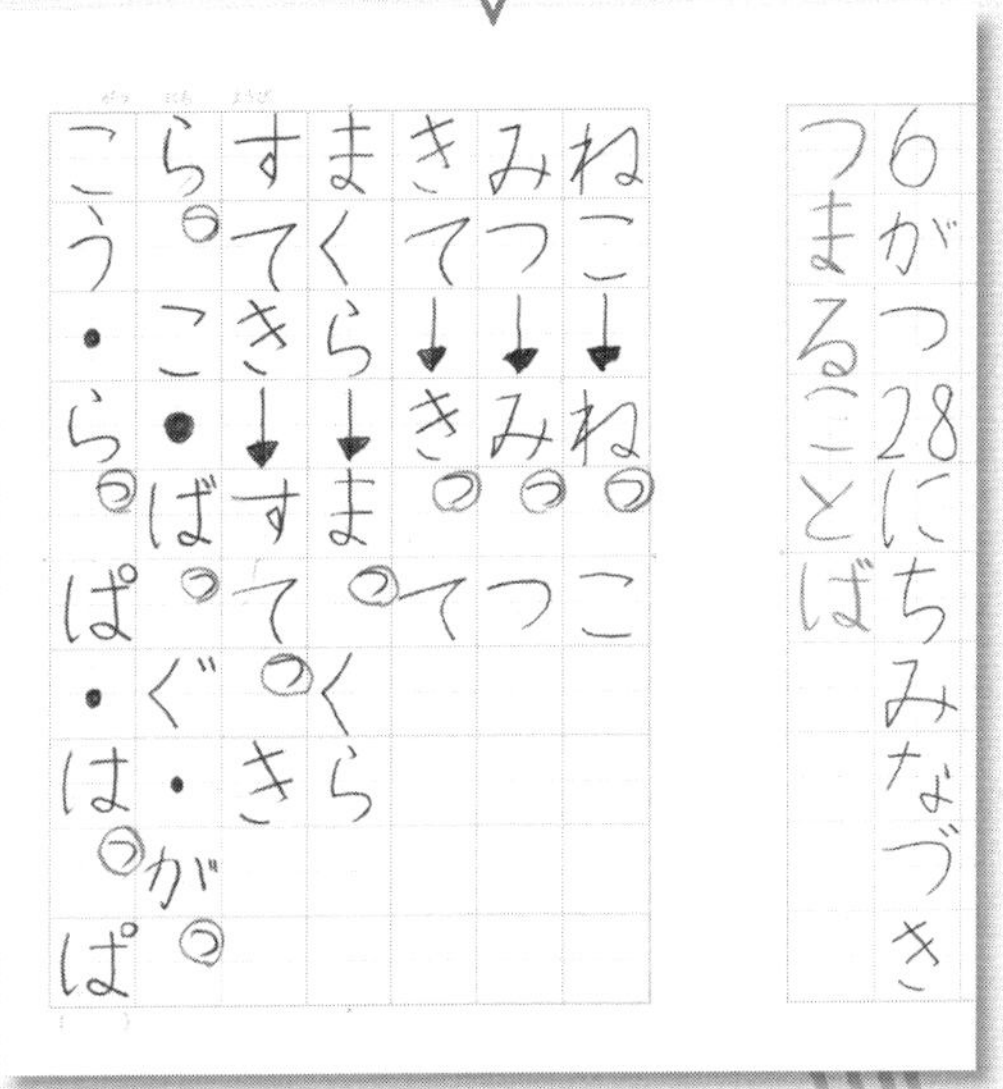

指導ポイント❸

「゛（てん）」「゜（まる）」を正しく書かせることは一年生の大事な学習内容です。この力は文を写させることをくり返すと育ちます。板書をするときに意識させ、ノートに書かせるのです。

指導ポイント❹

「なにがかくれているのでしょう」「しゃくとりむし」の文の横に**線を引いたり、文を囲む活動を教えたり、**上手なノートの作り方を指導します。

＊こんな言葉かけ＊

「〈なにが〉を書きましょう。〈てん（゛）〉をかきましょう。〈かくれて〉を書きましょう。」と長い文は、**文節ごとに書かせる**と美しいノートになります。

「書くこと」が目的
文づくり

文を作る活動では、「書くこと」が目的になります。ノートに書く量も増えます。五月から育ててきた平仮名を書く力ができているかどうかを評価する時期です。文字の形が乱れる子も出てきます。平仮名を間違いなく正しく書けているかどうかをポイントにして、指導をくり返すことが大事です。

指導ポイント ❶

「うさぎがはねる」と写させた後、見直しをさせます。**ノートを音読させる方法は、間違いを気づかせる効果があります。**

指導ポイント ❷

大事な言葉や、平仮名が正しく書けているかどうか、**○で印をつけたり、波線を引かせたりすると、**ノートの使い方に慣れて美しいノートにしようという気持ちになっていきます。

がつ　にち　ようび

6がつ23にち

ぶんづくり

指導ポイント❶

うさぎが、はねる。

かめが、あるく。

指導ポイント❷

かめが、やまにつく。

（　　）

指導ポイント❸

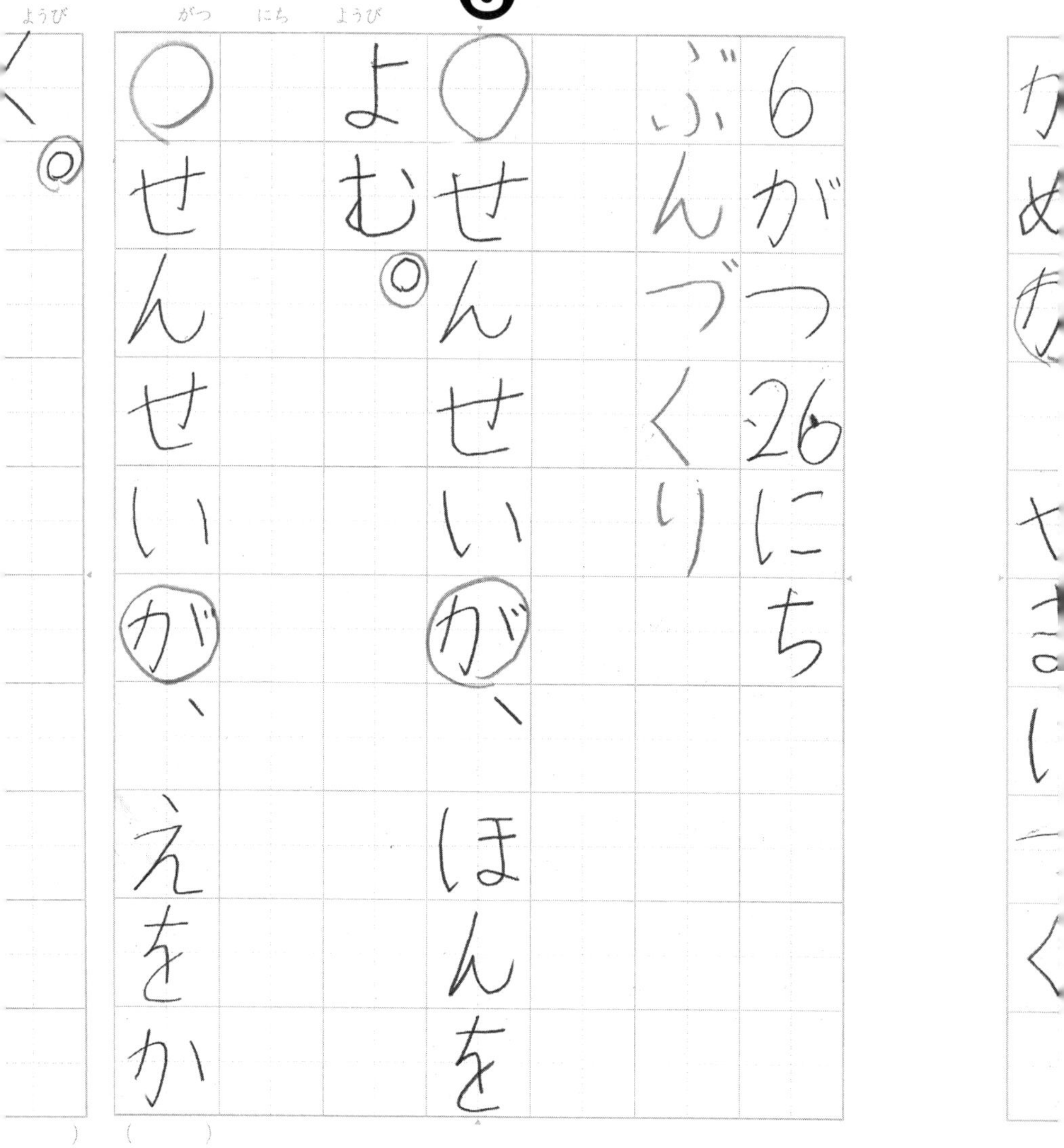
ようび　がつ　にち　ようび
6がつ26にち
ぶんづくり
○せんせいが、ほんをよむ。
○せんせいが、えをかく。

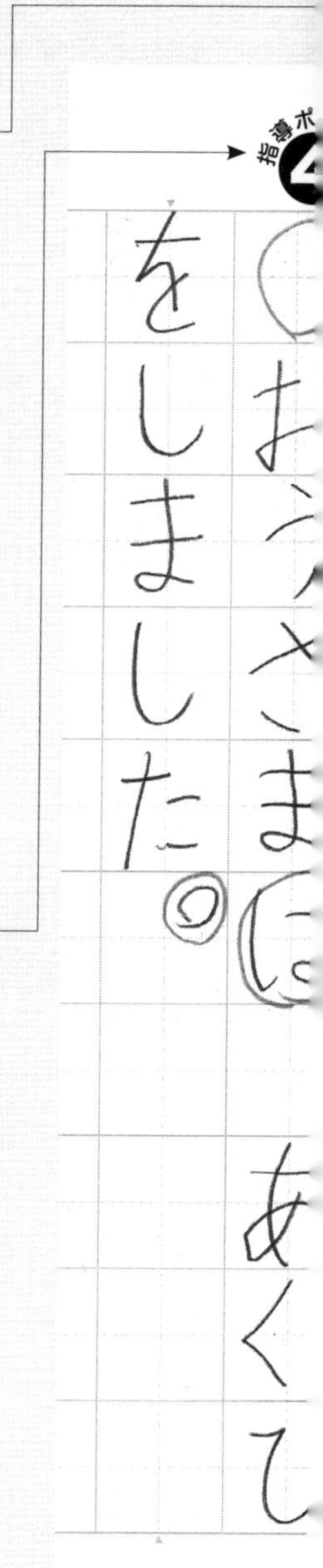

指導ポイント③

文を作る学習の始まりは、口頭作文です。「何が」「どうした」ということをくり返し発表させます。文について理解ができた時、ノートに書かせます。

指導ポイント④

文の書き始めは、ヒトマス空けることを指導する時、「○」を黒板に書きます。子どものノートにも最初は**「○」を書かせ、マス目の使い方を慣れさせるようにします。**

＊こんな言葉かけ＊

「〈せんせいが、ほんをよむ〉という文を書きます」「先生と一緒に書きましょう」というように、**活動を具体的に示すようにします。**そうするとどの子も丁寧に文字を書くようになります。

７月　お話を読む『おおきなかぶ』

お話を読む活動では、思ったことや気持ちを考える学習になり、話し合いが多くなります。登場人物や、場面の出来事のようにお話を読む上で大事な言葉を板書して意識を高めます。七月になって丁寧に文字が書けていることは、四月からの授業の成果です。

指導ポイント①

日付・題名など必要なことを書いているのがこのノートのよいところです。平仮名も一文字ごとに丁寧に書こうという気持ちがノートに表れています。

指導ポイント②

登場人物が出てくる順番を場面と合わせて書いています。これは板書をそのまま写したノートです。**ノートに書く時間を確保することがポイントです。**

指導ポイント❶

指導ポイント❷

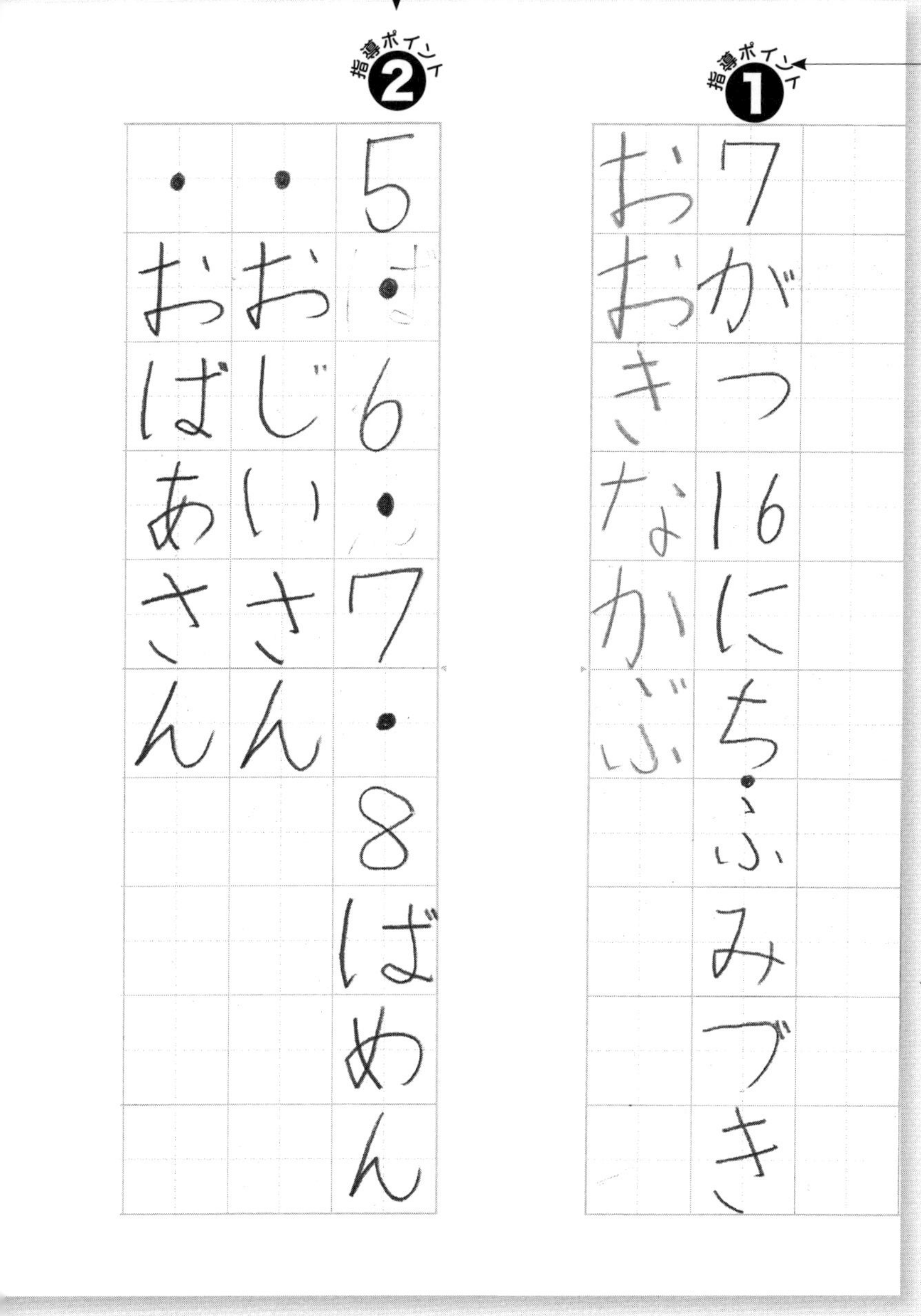

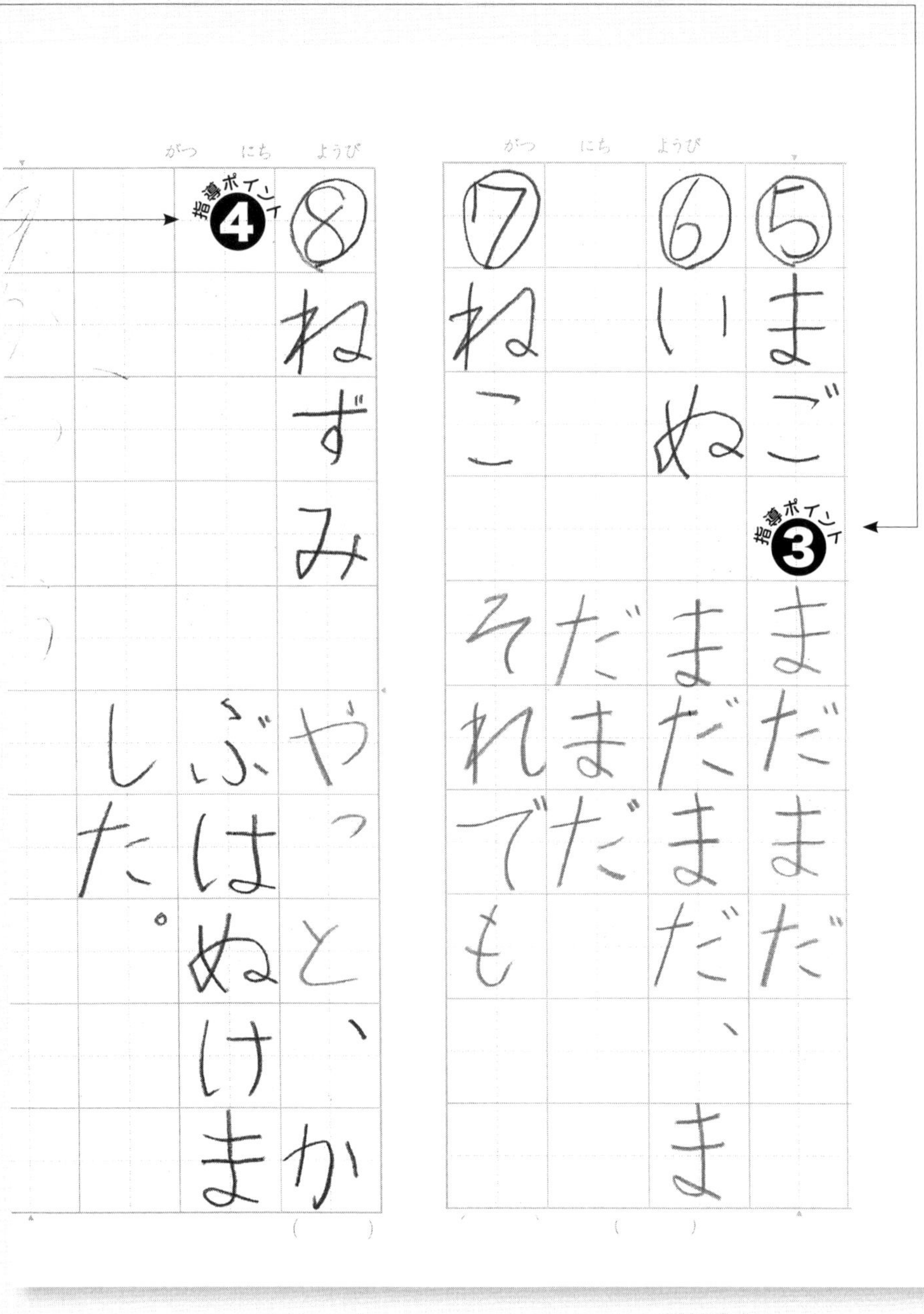

がつ
にち
ようび
⑤まご
まだまだ
⑥いぬ
まだまだ、ま
だまだ
⑦ねこ
それでも
指導ポイント 3
⑧ねずみ
やっと、か
ぶはぬけま
した。
指導ポイント 4

7月には
「のばすおん」
の学習も

指導ポイント ③

マス目のノートは文字を正しく書く力を育てます。しかし、「まだまだ、まだまだ」のように長い語を書かせる時にはマス目が足りません。このようなときは、**どのマスに何を書くかという指導が必要です。**

指導ポイント ④

子どものノートに合わせた板書をするとよいノートになります。**板書計画を授業の前に作っておく**ことが一年生の指導を成功させます。

＊こんな言葉かけ＊

「お話にでてきた人は誰でしょう」「かぶはぬけましたか」というように、**発問を短く、具体的にして、答えを導きます。** 板書は内容が理解できるように、分かりやすいことが学習意欲を高めます。

9月 言葉が好きになる 詩を書く

詩を読んだり書いたりすることが、一年生の子どもは大好きです。それは声に出すと詩の表現や言葉の響きを快く感じるからです。書くということは、音読の快さを文字に置き換えることなので、子どもにとっては、「賢くなっていく自分」が自覚できるようになります。また、大事なところや心に残ったところに印を入れる活動も大切です。線を引ける、マルが付けられることが、一年生には大事な学習です。

指導ポイント ❶

めあてを書かせることによって、**何を勉強するかを意識させます**。めあては、一年生にこれからの勉強の見通しを持つ力を育てます。

指導ポイント ❷

題名と作者（へびいちのすけ）を書かせることにより、「いつもの学習とは違う詩がはじまるのだろう」という期待を持たせます。**題名と作者を書くことが、ノート指導の基本になります。**

指導ポイント❶

がつ　ようび

9がつ11にちながつき、

めあて

しをかいたりおん

どくしたりして、たのし

もう。

指導ポイント❷

がつ　にち　ようび

あいさつ

へびいちのすけ

さんぽをしながら

ぼくはしっぽに

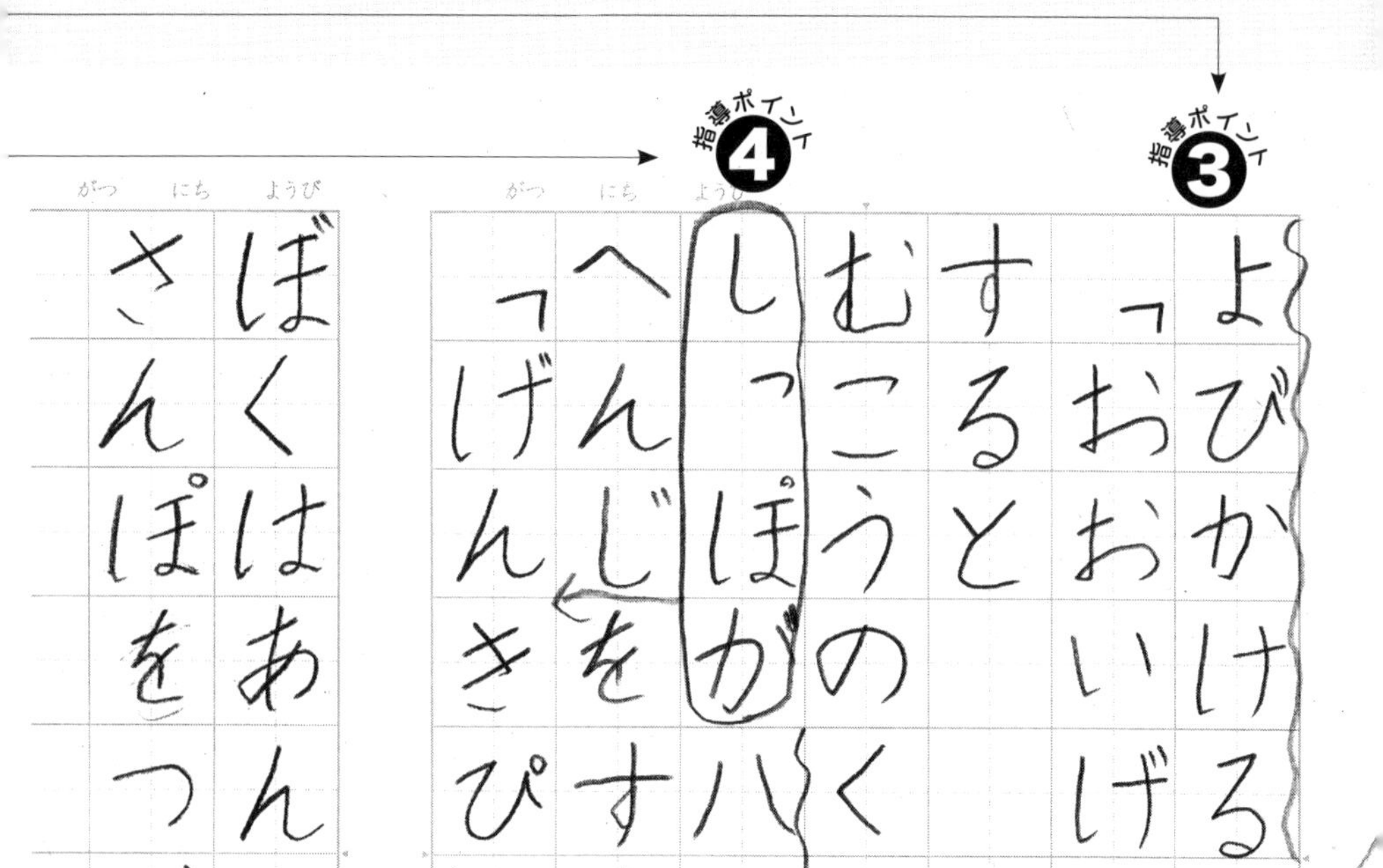
指導ポイント ③
指導ポイント ④
がつ　にち　ようび
よびかける
「おおいげんきかあ。」
すると
むこうのくさむらから
しっぽがハキハキ
へんじをする
「げんきぴんぴん。」
がつ　にち　ようび
ぼくはあんしんして
さんぽをつづける

9月には
「せりふ」
の学習も

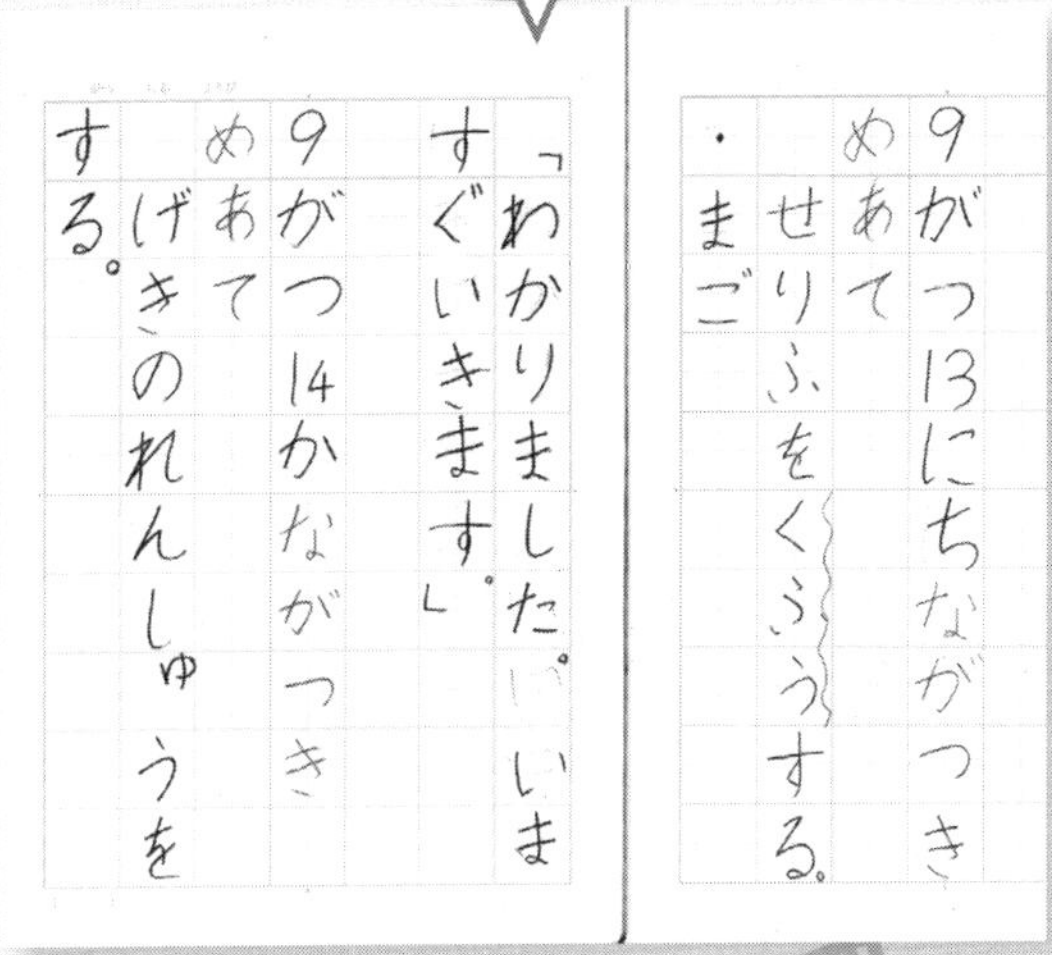
9がつ13にちながつき
めあて せりふをくふうする。
・まご
すぐいきます。」
9がつ14かながつき
めあて
げきのれんしゅうを
する。

指導ポイント
③

一行ずつ「読む」「書く」をくり返すと詩のイメージが広がっていきます。書くことを急がせないようにして、**ゆっくりと丁寧に書かせることがポイントです。**

指導ポイント
④

詩の全体を音読させ、**好きな言葉、大事な言葉、心に残った言葉などを発表させ、そのあとマルや線で印を入れさせます。**そのことで、詩のイメージが確かになります。

＊こんな言葉かけ＊

◆具体的なよさを認める◆

「カギカッコのところを丁寧に書けました」「大事な言葉が見つけられました」「好きな言葉に線が引けました」など、**よさを認める助言をします。このことが、不安な気持ちを取り除くようにします。**上手に書けた、丁寧に書けたことで満足感を持たせます。

9～10月

言葉を覚える

自己紹介を考える

文字を覚え、話すことに興味を示すはじめての学習は、「自己紹介」です。夏休みという長い時間を経験した子どもたちにとって、自分のことを友達に伝えることは、楽しい学習活動です。話すことと書くことがひとつになるので、国語学習への意欲が高まり、効果があります。「はじめ」「次に」などの順序を表す言葉を使えることにも快さを感じる学習活動です。

指導ポイント ❶

自己紹介という**少し背伸びをした学習は学習意欲を高めます。**学習のめあてを丁寧に書かせることが、紹介したいという強い気持ちになります。

指導ポイント ❷

「ともだちにじぶんのことを」のように、助詞に気をつけさせます。ノートでは、**大事な言葉や強調する表現にマルをつけるように指導します。**

指導ポイント ❸

自分を紹介することを考えさせます。**「好きな」に続く言葉を見つけさせ、板書します。**その板書を丁寧に写させます。

指導ポイント 1

がつ　にち

9かつ21にちなかつき

めあて

じこしょうかいをかんがえる。

指導ポイント 2

がつ　にち

ともだちにじぶんの

ことをつたえること。

・なまえ

・すきなあそび

・すきなたべもの

・すきなこと

つづきをかんがえる。

指導ポイント 3

指導ポイント4

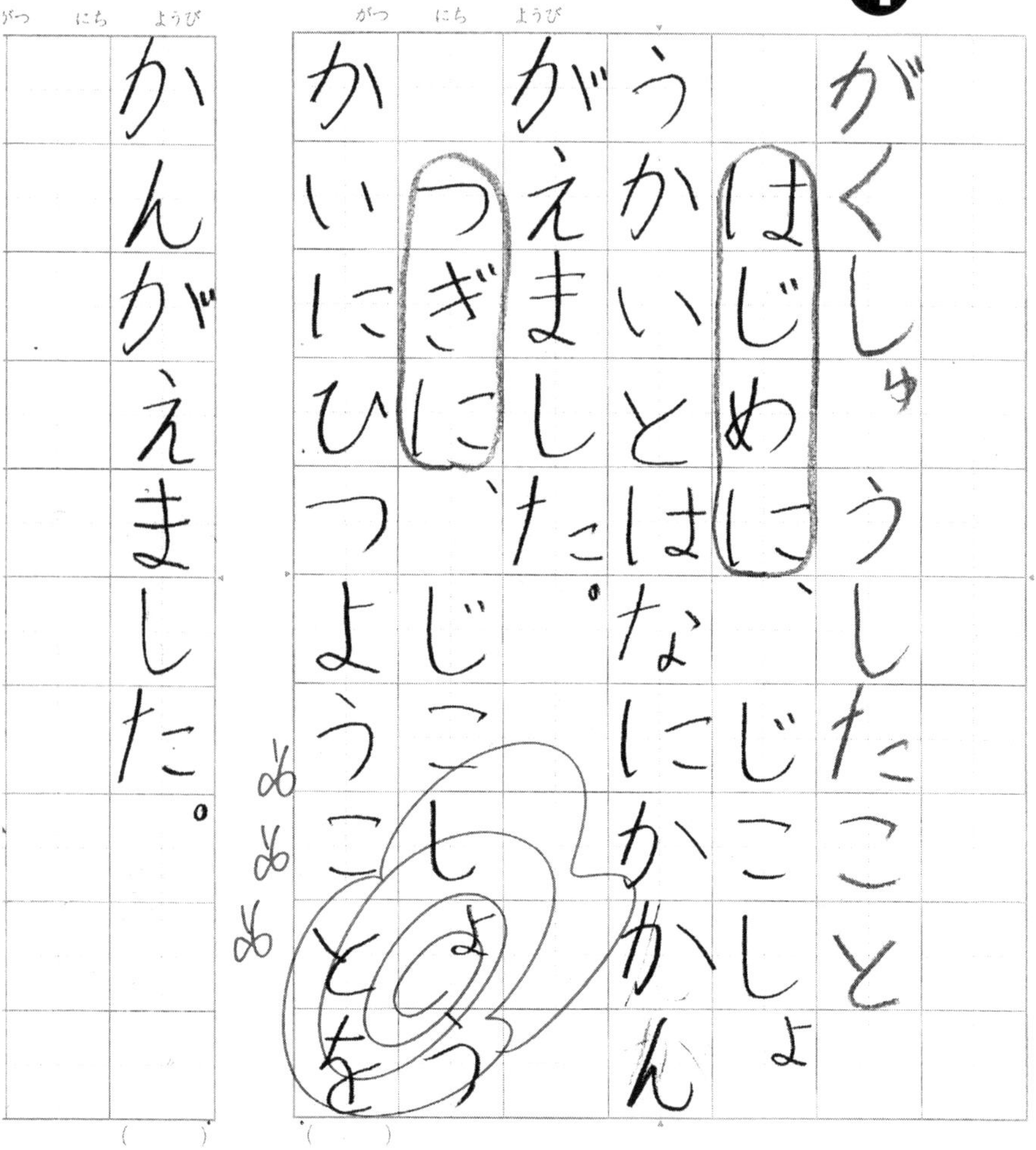
がつ　にち　ようび
がくしゅうしたこと
はじめに、じこしょうかいとはなにかかんがえました。
つぎに、じこしょうかいにひつようことを
がつ　にち　ようび
かんがえました。

10月には
「作文」
の学習も

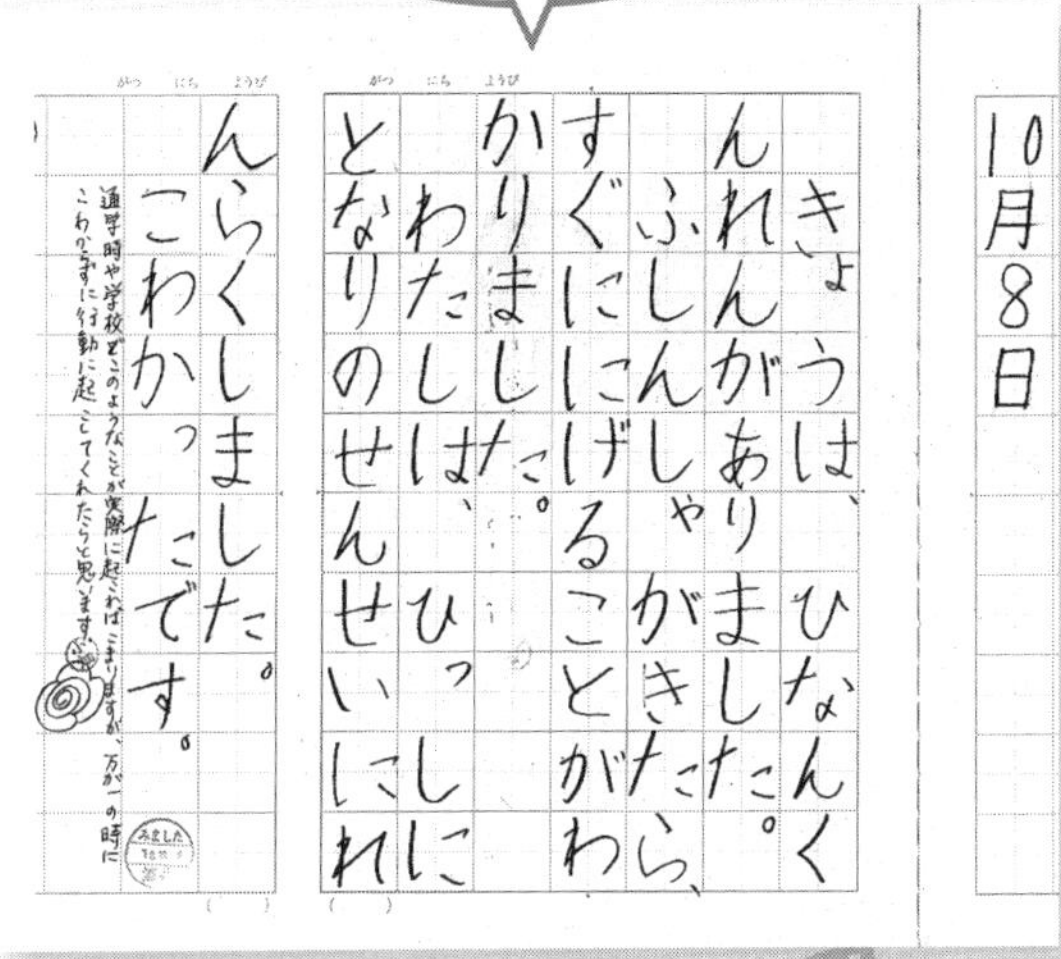
10月8日

きょうは、ひなんくんれんがありました。ふしんしゃがきたら、すぐににげることがわかりました。わたしは、ひっしにとなりのせんせいにれんらくしました。こわかったです。

指導ポイント④

学習のまとめを考えさせます。発表させたことを**「はじめに」「つぎに」という順序を使う言葉を使って板書し、板書のとおりに写させます。**話し合いの結果をまとめ文の形で整えます。

＊こんな言葉かけ＊

◆好きなことを伝えよう◆

「自己紹介では好きなことを伝えましょう」と指示し、**遊び、食べもの、動物などの言葉を導き出します。**その言葉を板書し、「先生の書いたようにノートに写しましょう」と指示をします。ノートに書く時間を十分に取り、あわてさせないようにしましょう。

10～11月 知識が増える はたらくじどう車

説明文を読むことの学習で大切なことは、書いてある事柄を正しく読み取ることです。書いていることは何か、それはどんな内容であるか、どのように書いているかに気をつけて読むことが、文章を正しく読む勉強のはじまりです。したがって、題名や説明している事柄をノートに正しく書かせることが正しい理解になります。

指導ポイント ❶

何を勉強するかということを理解させます。ノートに書く速さに合わせて板書を工夫します。

指導ポイント ❷

教科書を読み、大事な言葉を話し合わせた後、板書をします。**ノートに書かせたあと、声に出して読ませると理解が深まります。**

指導ポイント❷　指導ポイント❶

がつ　にち　ようび（　）

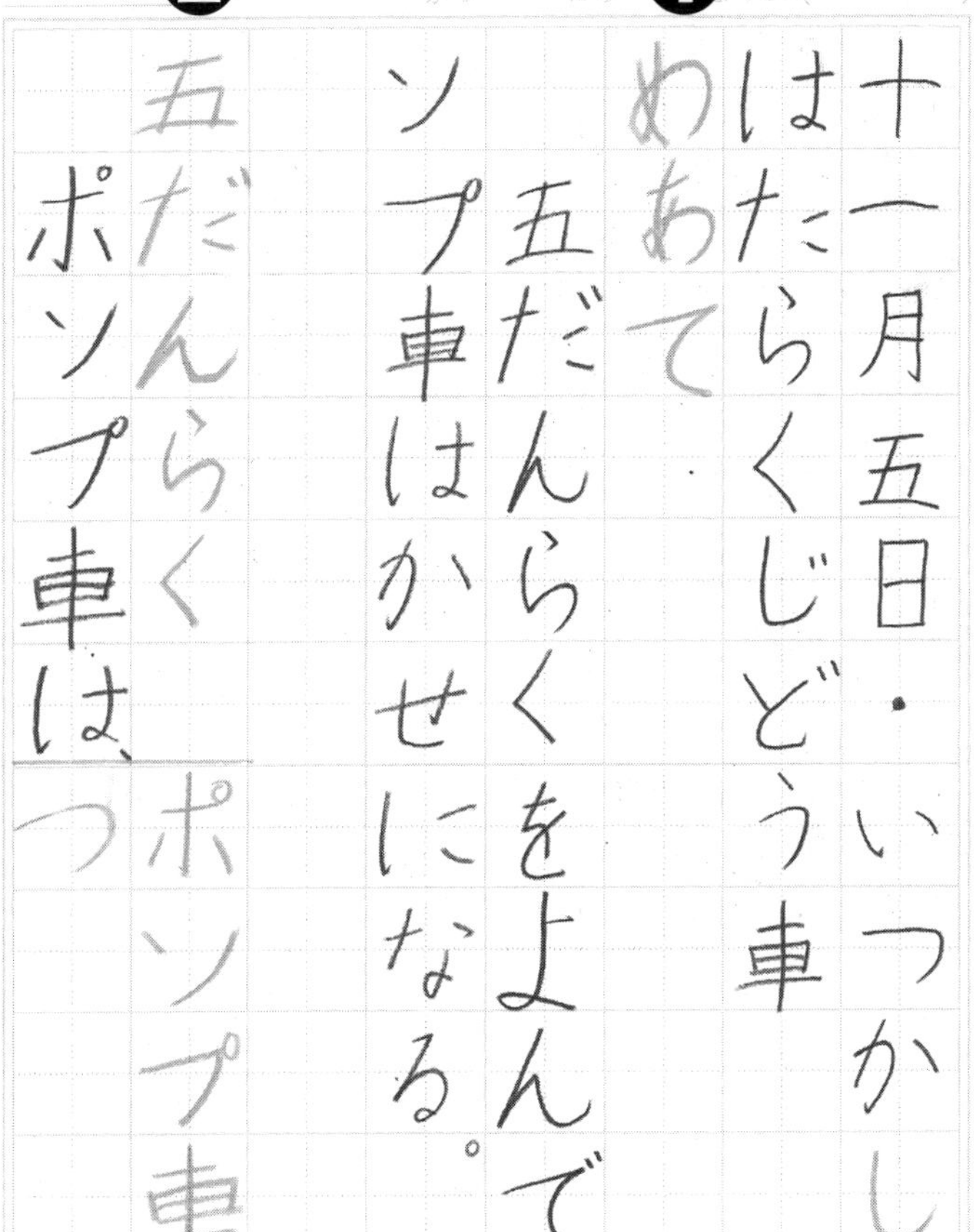
十一月五日・いつかしも月
はたらくじどう車
めあて
五だんらくをよんで、ポ
ンプ車はかせになる。

五だんらく
ポンプ車
ポンプ車は、
つ

指導ポイント❸

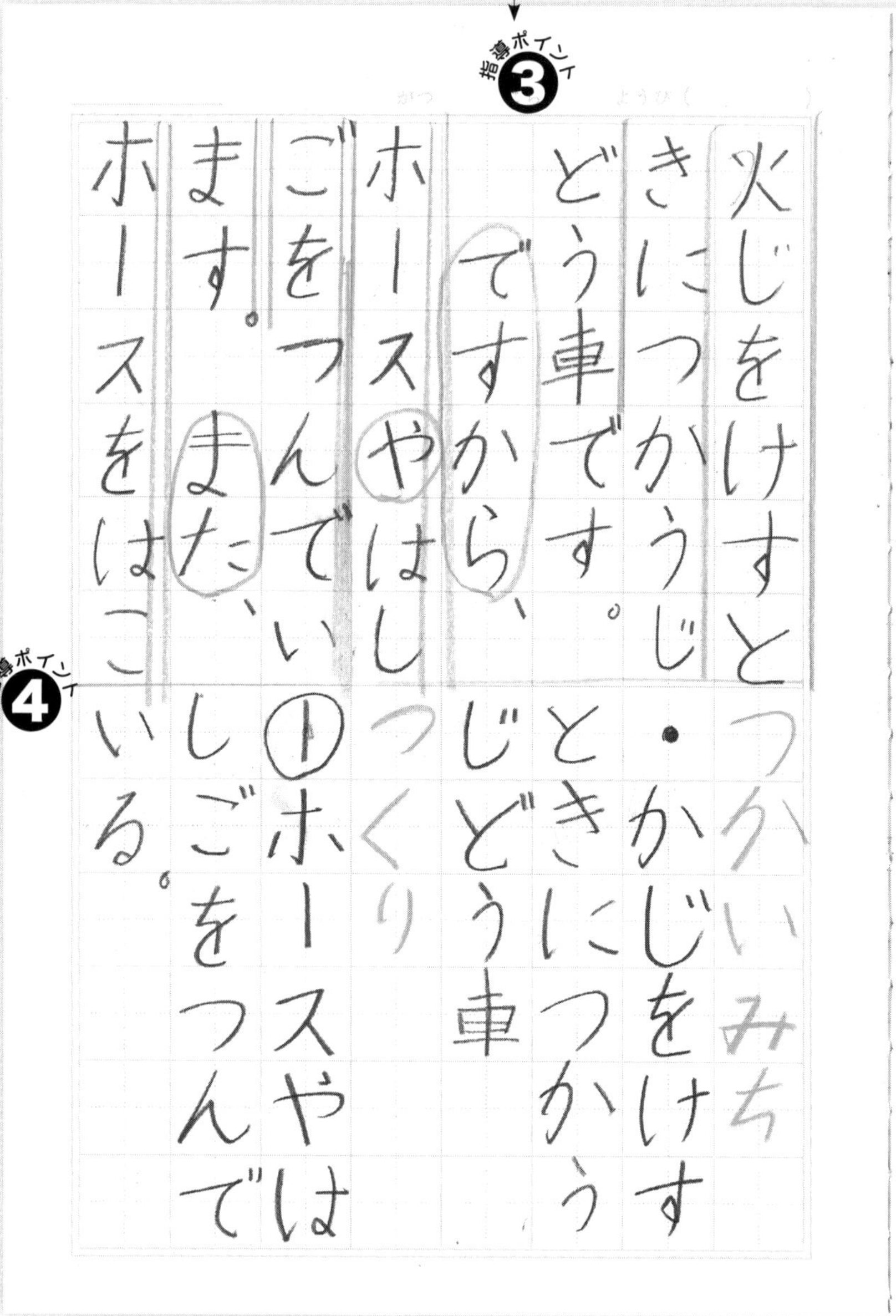
火じをけすと
きにつかうじ
どう車です。
ですから、
ホースやはし
ごをつんでい
ます。また、
ホースをはこ

つかいみち
・かじをけす
ときにつかう
じどう車
つくり
①ホースやは
しごをつんで
いる。

指導ポイント❹

10月には
「数え方」
の学習も

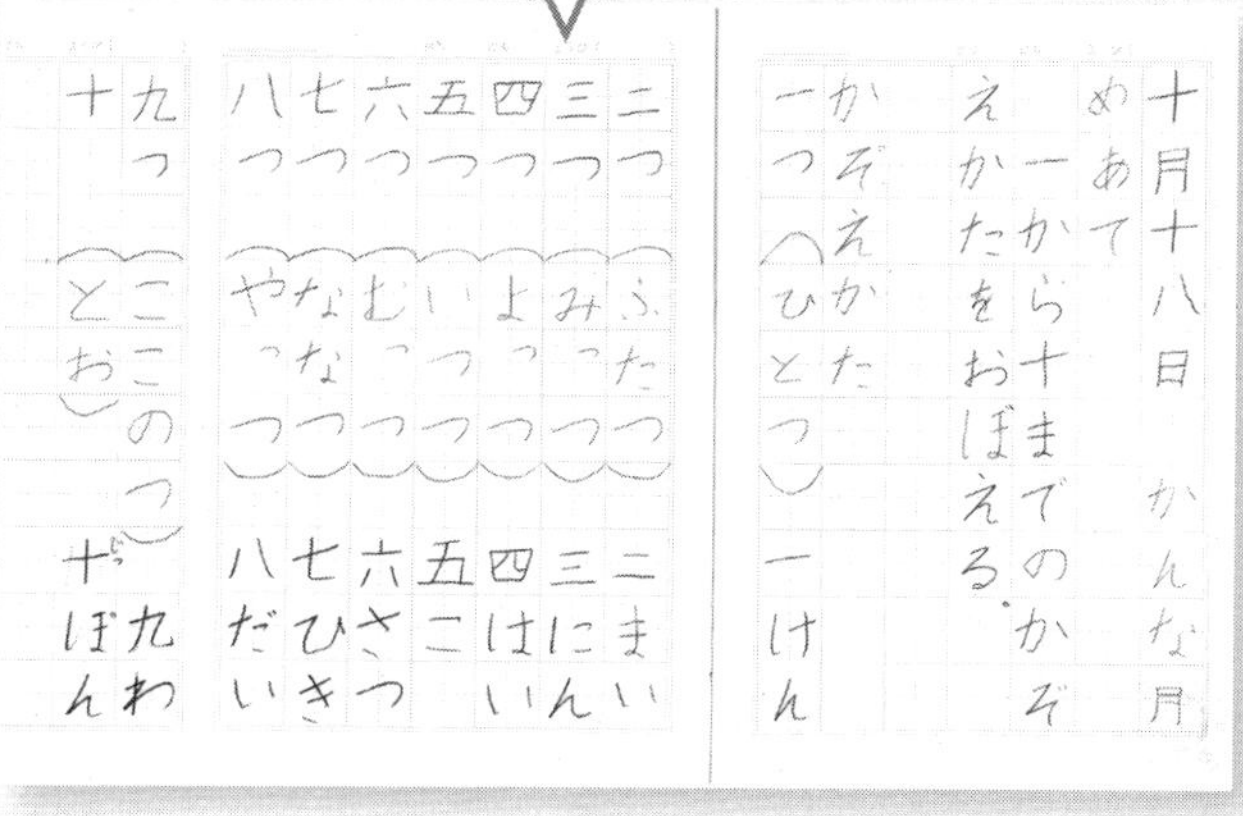

指導ポイント ③

「ですから」「また」のように、**ノートに考えたあとを残すという方法もあります。**

指導ポイント ④

上段と下段に分け、上段には教科書の文章を書かせます。下段には大事なことを書かせます。この活動を通じて、**文章を短い言葉で表せることに気づかせます。**

＊こんな言葉かけ＊

◆文章を読み取る方法を示す◆

「大事なことを見つけましょう」「何が書いてあるかを読み取りましょう」「文と文をつないでいる言葉を探しましょう」というように、**文章を読み取る方法を具体的に示します。この学習活動をくり返すことにより、文章の読み方を理解させます。**

11〜12月

学習意欲を高める むかしばなしがいっぱい

むかしばなしの読み聞かせをしたり、読書をしたことを記録として残すことは、これからの学習の基礎となる活動です。「何の話を聞いたか」「どんなことを思ったか」など、そのときどきのことをノートに書くことにより、もっと読みたい、もっと知りたいという意欲を高めます。さらに、気づかなかったむかしばなしのおもしろさが、形として残せることに喜びを感じさせるようにします。

指導ポイント ①

むかしばなしの内容や中心となる人物など、読んだり聞いたりするための**視点を決めます。それが学習のめあてになります。**

指導ポイント ②

はじめに何をしたか、次にどんなことが起こったか、それからどのようになったかなど、**事柄の順序がわかるように文にまとめていきます。**①②③のように順序を表す言葉を使うとあらすじがよくわかるようになります。

指導ポイント❶

十一月十二日しも月

むかしばなしがいっぱい

めあて

じいさまのしたことをかんがえる。

「

指導ポイント❷

がつ　にち　よう

「はなさかじい」

①じいさまは、犬をこどもにしました。

②じいさまは、犬がほってといったところをほりました。

指導ポイント３

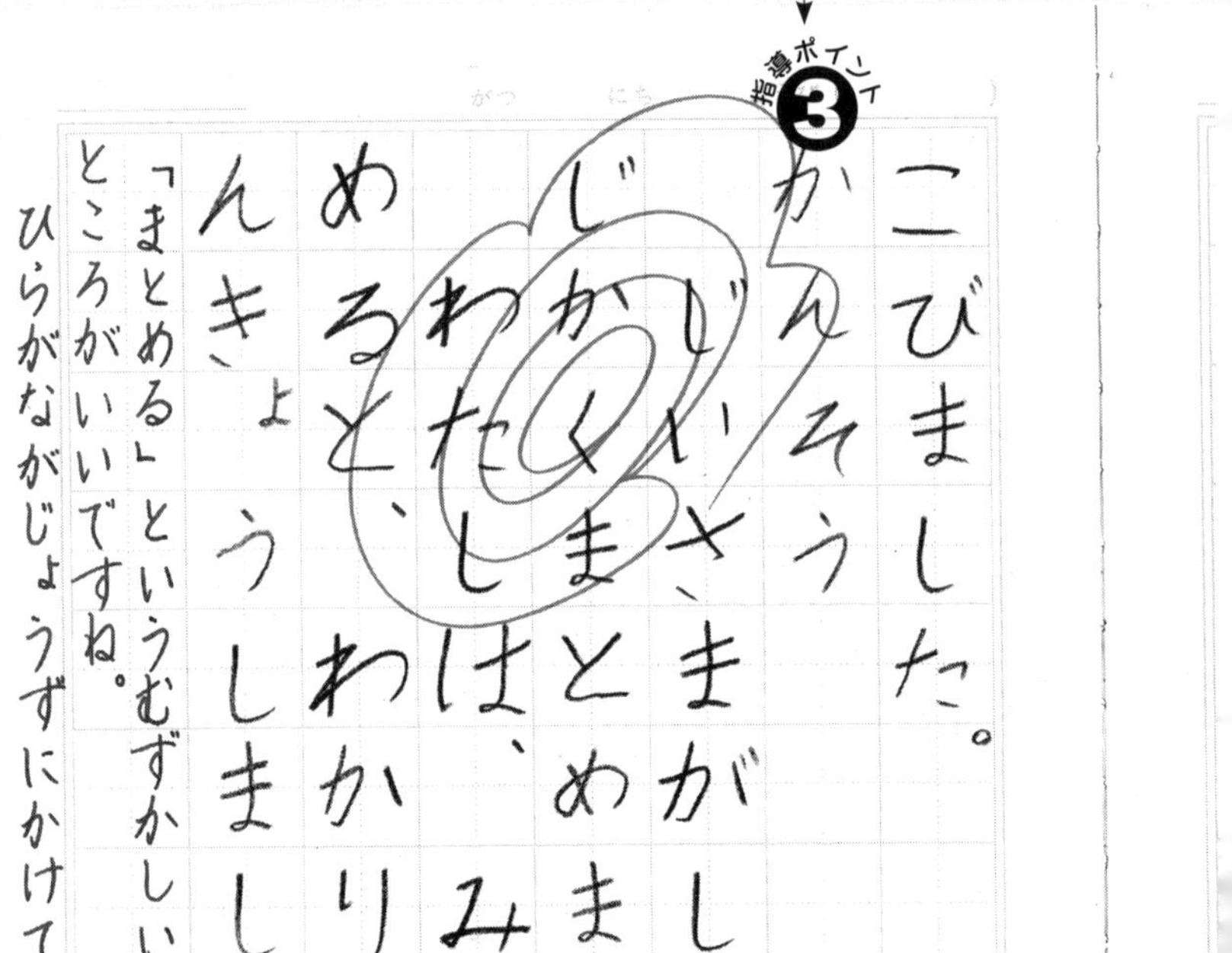
じいさまがしたことをみじかくまとめました。
わたしは、みじかくまとめると、わかりやすいとべんきょうしました。
「まとめる」というむずかしいことばをつかっているところがいいですね。

指導ポイント４

ひらがながじょうずにかけています。

指導ポイント ③

感想は、むかしばなしを聞いて思ったこと、あるいはおもしろかったことを書くという方法があります。また、どのような学習活動をしたか、その学習活動によって、どんなことがわかったかというように**学習活動によって自分が賢くなったことを書かせることもあります。**

指導ポイント ④

一時間の学習のノートは、日付、題名、めあて、学習内容、感想という項目で板書をまとめます。**ノートニ～三ページくらいで一時間の学習がまとまると子どもたちには負担が少なく、勉強したという実感が持てます。**

＊こんな言葉かけ＊

◆助言が次の学習意欲につながる◆

「文字が丁寧に書けています」「じいさまのしたことが、〝じいさまは〟からはじまる文でよくわかるように書けました」「感想を丁寧な言葉でまとめています」「文末のマルが正しく書けています」というように、**ノートに表れた具体的な事柄を認めるような助言をします。**

助言が次の学習意欲につながるからです。

12月には
「カタカナ」
の学習も

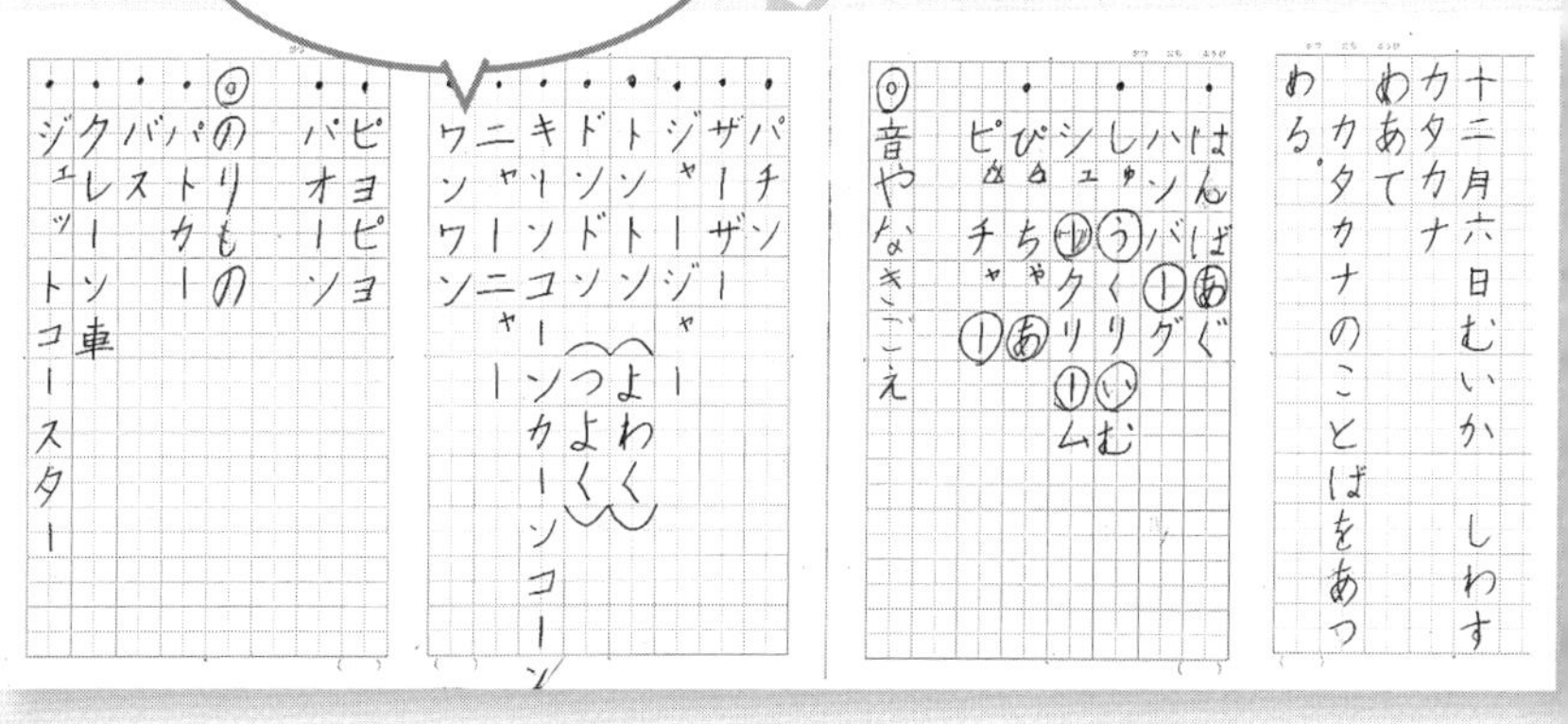

Column....4

聞く力を育てる

　聞く力を育てるのは大事です。しかし、聞くことの指導は難しいのです。「しっかり、聞きましょう」と指示をすると姿勢を正します。しかし、聞いているかどうかは分かりません。「分かりましたか。」と尋ね、「はい」と挙手をした子に指名をしたところ、「忘れました」と答える子が多いからです。

　聞く力を育てるには、聞き方を教えることが大事です。私の経験で効果があったのは、教師の聞いている姿を子どもにまねさせる方法です。

　お話会などで、クラスのみんなに話をさせていたのを、ある時、教師である私に話をさせました。私は、その話を聞きながら、うなずいたり質問をしたのです。その様子を見させました。

「お話を聞いて、感想を言ってもいいですか。」

「分からないことをお尋ねします。」

「その後、どうなったの。」

教師は上手な聞き役になって、聞き返したり、感想を伝えたりしたのです。その様子を、見させ、同じように二人で話し合いをさせました。数回の経験でしっかり聞く子が育ちました。一年生の子の学習指導で効果があるのは、お手本を示し、真似をさせる活動をくり返すことです。説明したり、自由にさせるだけでは育たないのです。

絵日記の指導法

一年生の子どもは、絵日記を書くことが大好きです。それは、絵と文によって、自分の体験したこと、心に残ったこと、心が動いたことなどを形として残せることに快さを覚えるからです。文を書くことに慣れていないので表現が幼く、わかりにくいのは当然です。上手に書きたいということより、書きたい、表現したい気持ちが強いのです。

書いているときの子どもの気持ちをしっかり受け止め、描いた絵や言葉の奥にある心の動きを読み取るようになれば、一年生教師として、ちょっと子どもに近づいているという誇りが生まれるでしょう。

絵日記の指導の上手な教師は、子どもの絵が楽しい、文を読むのが好きということから始まります。多く注文をせず、子どもの絵日記を楽しむことが子どもに伝わり、次も「書きたい」という意欲を高めます。

絵日記の読み方

書きたい気持ちを見つける

この絵日記のココが良い

苦手なマラソンが好きになっていく過程を絵と文で表現した日記です。書きたいことを丁寧に思い出して、経験したことを精密に絵に表わしています。その絵が文を書く力につながっています。読んでいてわかりやすい日記になっています。

指導ポイント ❶

丸はグランド、右上の建物は校舎、真ん中は植木、左上は門というように、**細かなところにまで目を行き届かせ、絵に緊張感を持たせています。**そのことを見逃さないようにします。

指導ポイント ❷

苦手なマラソンが日を追うごとに楽しくなっていく過程をわかりやすく書こうとしています。**事実を丁寧に書き残そうとして、がんばっている様子がよくわかる文です。**特に、「楽しくなりました」という結びは素直な表現です。

指導ポイント ❸

「からだがぽかぽかになりました」という言葉を絵と対応させていくと、自分だけでなくみんなが喜んでいる様子が伝わってきます。

子どもの表情は同じに見えますが、四人ほど笑顔の子どもがいます。この中に筆者や筆者の仲良しの友達がいるのだろうと推測して読むと温かさが伝わってきます。ぽかぽかが生きてきます。

表

指導ポイント 1

絵日記《えにっき》　7月30日（金）

指導ポイント 2

なまえ（

マラソン

わたしは、マラソンがにがてだったのに一日一日にぶんぷびょうがふえるのといっしょにたのしくなりました。いつもは、「さむい」とおもっていましたがきょうは、いっぱいはしることができたのでからだがぽかぽかになりました。

たのしく元気にはしることができましたね。

まい日すると、こんなに力がつくのですね。絵もとても上手にかけていて感心しました。

指導ポイント 3

絵日記
裏

平成　　年　1月30日　金曜日（氏名）

寒い日が続きますが、毎日楽しく通学しております。24日に行われた大原野グランドで遊ぼう会に参加させて頂きましたが、子供達はほっぺたを真赤にしながら元気に走っているのに、大人達は「寒い寒い…」と言って一緒に遊べずにいました。冬を感じて、寒い中でも体を動かして楽しんでいる姿に「子供は風の子」とはこのことだなあ…と思いました。今、頑張っているランニングも、初日は「寒かった、疲れた」と言っていましたが、「今日は一度も歩かなかったよ。」「しんどくなかったよ。」と表情もイキイキとしてきました。走るのは速い方ではありませんので、お友達と同じペースで走るのが難しい様子でしたが、今では自分のペースで、歩かずに走ることが大切だと気付いてくれました。何事もマイペースで努力してくれる子に成長してくれたらと思っています。明日でランニング週間は終わりますので、しっかりと褒めてあげたいと思います。

寒い季節を体で感じながら、学校行事を通して、たくましくなっていく　　　さんに、体と心の成長を嬉しく思いました。
友達意識が育ち、こんなにたくさんの人をかけるようになられましたね。

元気いっぱい走ると楽しくなるし強くなるということは誰も知っています。このことを心に思っている校長から絵と文で表すということがこの日記です

京都女子大学附属小学校

手間をかけることで言葉として形にし、それが心にしみこみ成長になるのだと思いながら読んでいます。

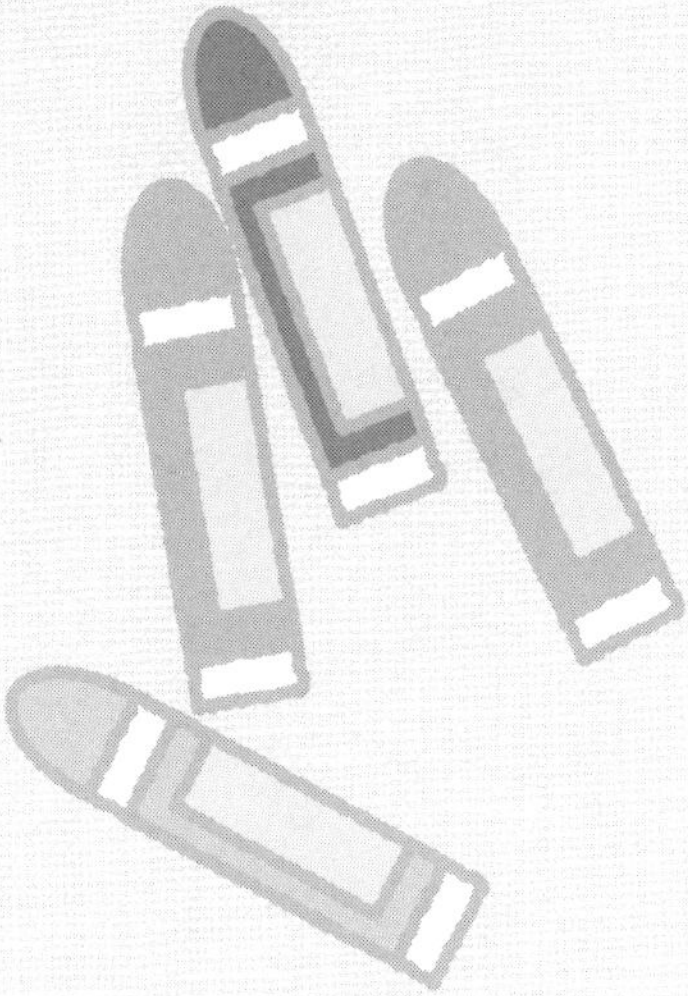

保護者のコメント

赤ペンのポイント

一人一人の表情や動きを丁寧に描きあげた子どもの努力をたたえ、書いてよかったという気持ちにさせるコメントを書きます。

努力したことを認めてもらえたコメントによって、確かに読み手に伝わったという実感を持ちます。子どもは伸びていくエネルギーになります。

担任の赤ペン

校長先生の赤ペン

絵日記の効果

親の思いと先生の思いをつなげる

この絵日記の
ココが良い

「おとうさんとこままわしをしました」「三かいせんはかちました」というように活動をした順序を意識して書いています。また、「たいけつした」など、使ってみたい言葉を織り込んで、少し得意になっている様子がよくわかる日記です。経験を順序よく書くという力が反映しています。

指導ポイント ❶

文を読んでから絵を見ると、お父さんと子どもがコマで対決している様子がよくわかる日記です。**お父さんと対決という言葉が絵日記のテーマです。**

指導ポイント ❷

一回戦、二回戦、三回戦と順序を意識して書いています。特に、負けた、勝ったという対比が文中に生かされています。**言葉の使い方を生かした、読んでいて楽しい文です。**

指導ポイント ❸

「対決」という覚えた言葉を使って生き生きと書いています。日記の中でその言葉は、**生きています。**日常的に使っている語彙量の多さが反映しています。

表

指導ポイント❶

絵日記《えにっき》　月　日（　）

指導ポイント❷

ぼくは、おとうさんといっしょにそとにでてこまをしました。一かいせんはまけたけど二かいせんと三かいせんはかちました。ぼくと、おとうさんはかんごまでたいけつしました。おとうさんとやってすごくおもしろかったです。

なまえ（　）

おとうさんとコマのたいけつ
たのしかったですね。おとうさんにかつなんて、すごいうでまえですね…!!!

指導ポイント❸

絵日記
裏

平成　年 2月 17日 火 曜日（氏名）

いつも お世話に なっております いつの間にか
三学期となり 時の流れの早さを 痛感致しております
昨年の四月は 小学生活を 過ごせるのか… と
不安一杯で 入学させて いただきました。 今、現在も
不安一杯では ありますが、 昨年四月の 気持ちと
まったく ちがうもので、 小学校生活には 慣れすぎ
ているようで、 緊張感が なく けじめが なく 毎日
頭をかかえる 日々を 過ごしています このまま 2年生に なっては
いけない!! と 焦りも 感じております
親として 今、 子どもに もっと 伝えなければならないことが
あるのかと 考える日々です 今後共 ご指導のほど
よろしくお願い 致します。

緊張がゆるむということは，ある意味で学校に慣れ，のびのびと
生活しているということです．どうぞあまり心配されないようにして下さい．
やさしい男の子です．自分のことをちゃんと知っていて….だいじょうぶですよ．

感想　かんろくのあるお父さんの絵がすてきです
「おとうさんといっしょに」という一文から

京都女子大学附属小学校

愛情あふれてて　うれしい気持ちが
よく伝わります。

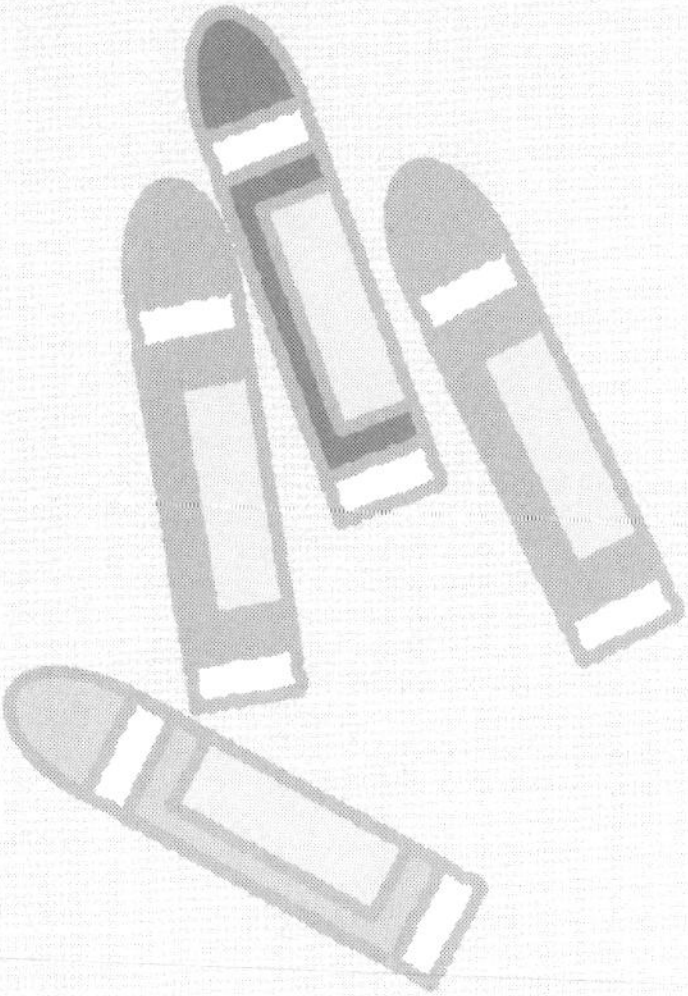

保護者のコメント

担任の赤ペン

校長先生の赤ペン

赤ペンのポイント

母親が子どもを温かく見守っているコメントを大切に受け止めました。それが**学校と家庭で子どもを育てていることを自覚したメッセージになります。**子どもの日記を読んだ親の感動をそのまま受け止め、それを教育のエネルギーにしたいという気持ちを伝えることは、子どもを見守る親に安心感を与えます。それが親子日記の効果です。

絵日記からの成長

文章の形が整う

印象に残ったことが多いので日記ではまとめ切れません。その大変さを乗り越え、絵ではかわうそ、文ではジンベイザメを使い分けているところも一年生の知恵です。書くことで自分の一日を器用に上手に整理しています。

この絵日記のココが良い

指導ポイント ❶

「かわうそ」と文字を書いたり、魚に色を塗ったり、イカを描いたりして、**印象をどのように伝えようかという心の揺れが絵に表れています。**伝えたい気持ちが伝わる楽しい絵です。

指導ポイント ❷

ジンベイザメを中心に文を書いています。絵と文とを切り離しているので、日記として落ちつけています。一年生後半になると、**絵日記から作文への移行期の姿が見えます。**

指導ポイント ❸

「大きかったのでびっくりした」というように、表現の仕方に幅が出てきています。ですから筋道が整ってきました。文章としての形が二年生に近づき、**順序よく文も事柄も書こうとする兆しが見えます。**

表

指導ポイント❶

絵《え》日《に》記《っき》　2月22日（くもり）

指導ポイント❷

今日、海ゆうかんに行きました。お魚や、ジンべイザメがいました。ジンべイザメは、とても大きかったので、びっくりしました。あんな大きなサメが海にいるなんてこわいなと思いました。でもよく見てみたら、とてもかわいい顔をしていました。また見に行きたいです。

指導ポイント❸

なまえ（

海ゆうかんだけ

海の生き物がいっぱいいますね。
ジンベイザメが口をあけたとき、先生も
[illegible]ですね。

25

絵日記
裏

平成　　年 2 月 2 日　　曜日（氏名）

本日グループ懇談会に参加させて頂きまして、色々なお母様のお話、大変、勉強になりました。毎日子供に接していると時間に追われ、余裕が持てない現状でした。（お恥ずかしいですが…）目先のできるできないにばかりこだわって生活していた様に思います。もっともっと長いスパンで子供の力を伸ばしてあげられる生活をしないとと改めて感じる事ができました。"大切な我が子がいつも笑顔でいれる生活"

今日、焼いたホットケーキ、娘は目をキラキラさせながら「こんな大きなホットケーキ、ありがとう。すごい上手でケーキ屋さんみたいやね」って言ってくれました。

本当のありがとうは私の方。

子供とのむき合い方、田中先生や他のお母様方にもアドバイスして頂き有難うございました。さっそく実践中です。ただ今午後八時、宿題を娘と横に並んでやっております。

懇談会を開いて下さった先生方にも感謝致しております。

グループ懇談会の後、さっそくホットケーキを焼いてくださったのですね。
子供の目線になって一緒に行動してくださっていることが、
何よりも嬉しいです。絵の表情から嬉しくてたまらない様子がよくわかります。

上手な文字から鉛筆のもち方が
見えてくるような日記です

京都女子大学附属小学校

心をおちつけて書いているからよい文になるの
でしょうね

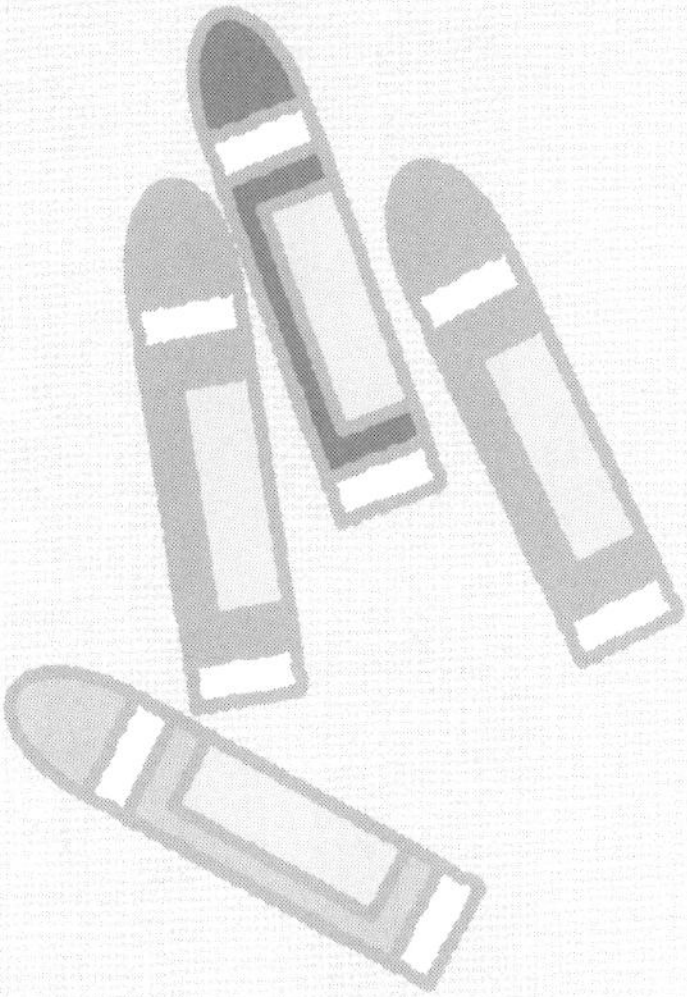

保護者のコメント

担任の赤ペン

校長先生の赤ペン

赤ペンのポイント

文章から見える一年生から二年生へ成長する過程を父親のコメントを借りて意味づけをしています。**成長という具体的な姿を親や担任教師とともに喜び合えるコメントにするために、行動に着目して赤ペンを入れます。**そのポイントは「共感」と「納得」です。

京女式 絵日記の指導術

子どもの成長に合わせて

こういう子には

絵日記が書ききれない子

↓最初に絵を描かせる

絵日記が十分書ききれない子には、まず絵を描かせます。**何から描き始めるかに注目します。それが書きたいことなのです。**絵を描くことに時間をかける子が多い時は、急がせないで、絵が書けるまで待ちます。絵を書く力が思い出す力になるからです。ゆとりを持って考えさせることが発想力を育てるスタートです。

こういう子には

絵は描けるが文が書けない子

↓絵を話題にして話し合いを進める

絵が描けるが、文は書けない子は、絵で表現したことで満足しています。その結果、発想が広がらず、完結してしまいます。「一番上手に描けたところはどこ?」「何のお話ですか?」など、**具体的に絵を話題にして話し合いを進めると、絵で描き足りないことを思い出します。**思い出したことを順に書かせると文章になっていきます。**書くことの経験が大切なので、細かい指摘は控えます。**

こういう子には

スラスラ書ける子

↓表現の仕方に注目をさせる

絵や文がスラスラ書ける子には、一年生としての力である事柄の順序や経験の順序が書けているかどうか、その時々の様子がわかりやすく書けているかどうかに注目して、書く力を評価します。絵から文へ移行する段階なので、表現したことは、例えば日ごろ使い慣れていない言葉、主語・述語の整い方など、**表現の仕方に注目をさせます。そのことががんばって文を書こうという意識を高めていきます。**

ノートの総点検
2年生につなげよう

詩
感想の内容に着目

詩を写す、大事な言葉を見つける、感想を話し合うという学習活動が成立し、ノートがまとまってきました。その学習成果を感想という形でまとめています。ノート指導では感想の書き方について点検します。

点検ポイント1

タイトルや作者名がきちんと書けているかを点検します。タイトルや作者名を正確に書くことは、一年生の最初からくり返し指導してきたことです。それが正しく書けていることは、その指導が生かされているということです。

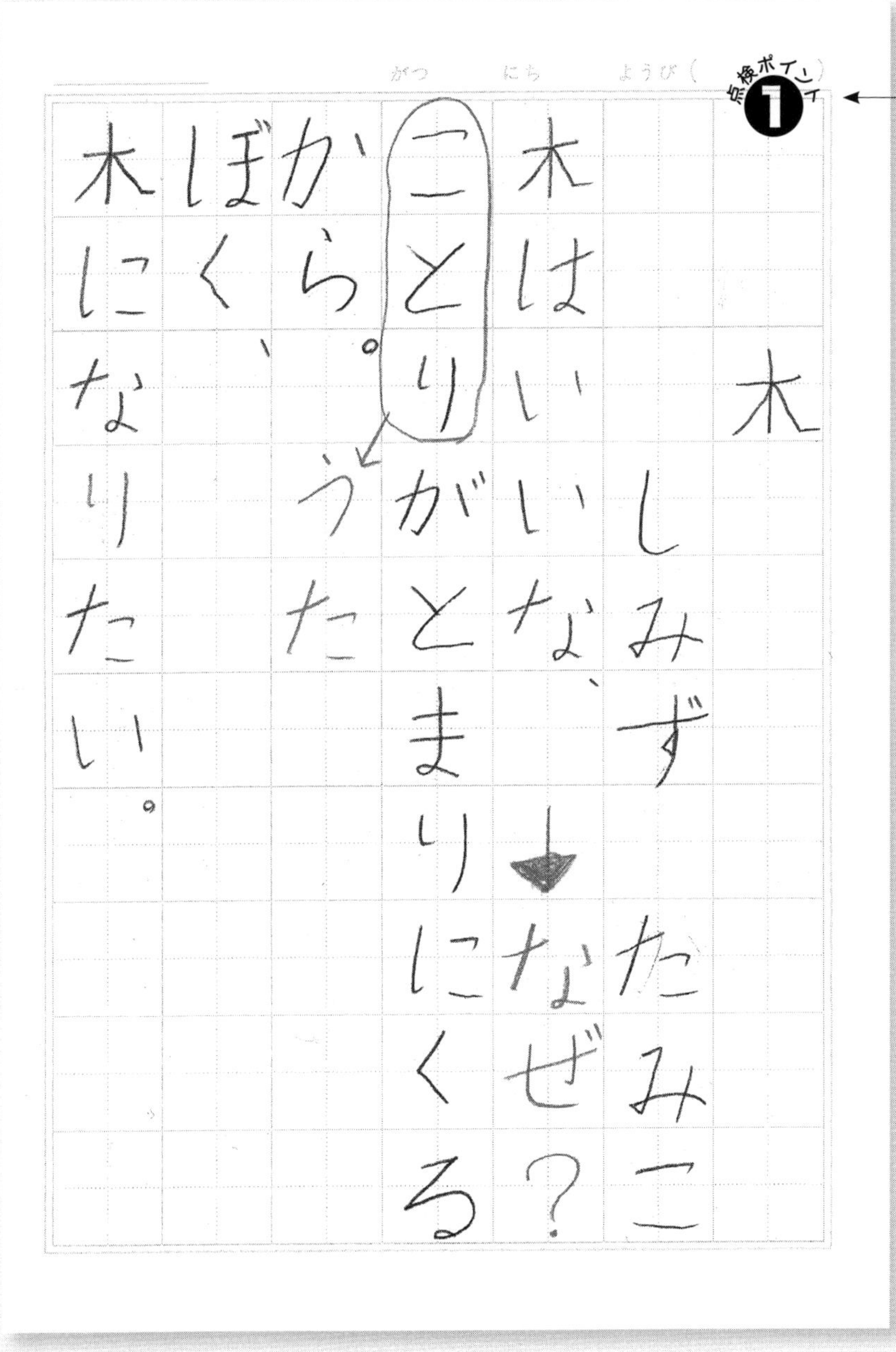
点検ポイント 1
がつ　にち　ようび（　）
木
しみず　たみこ
木はいいな、
なぜ？
ことりがとまりにくる
から。
うた
ぼく、
木になりたい。

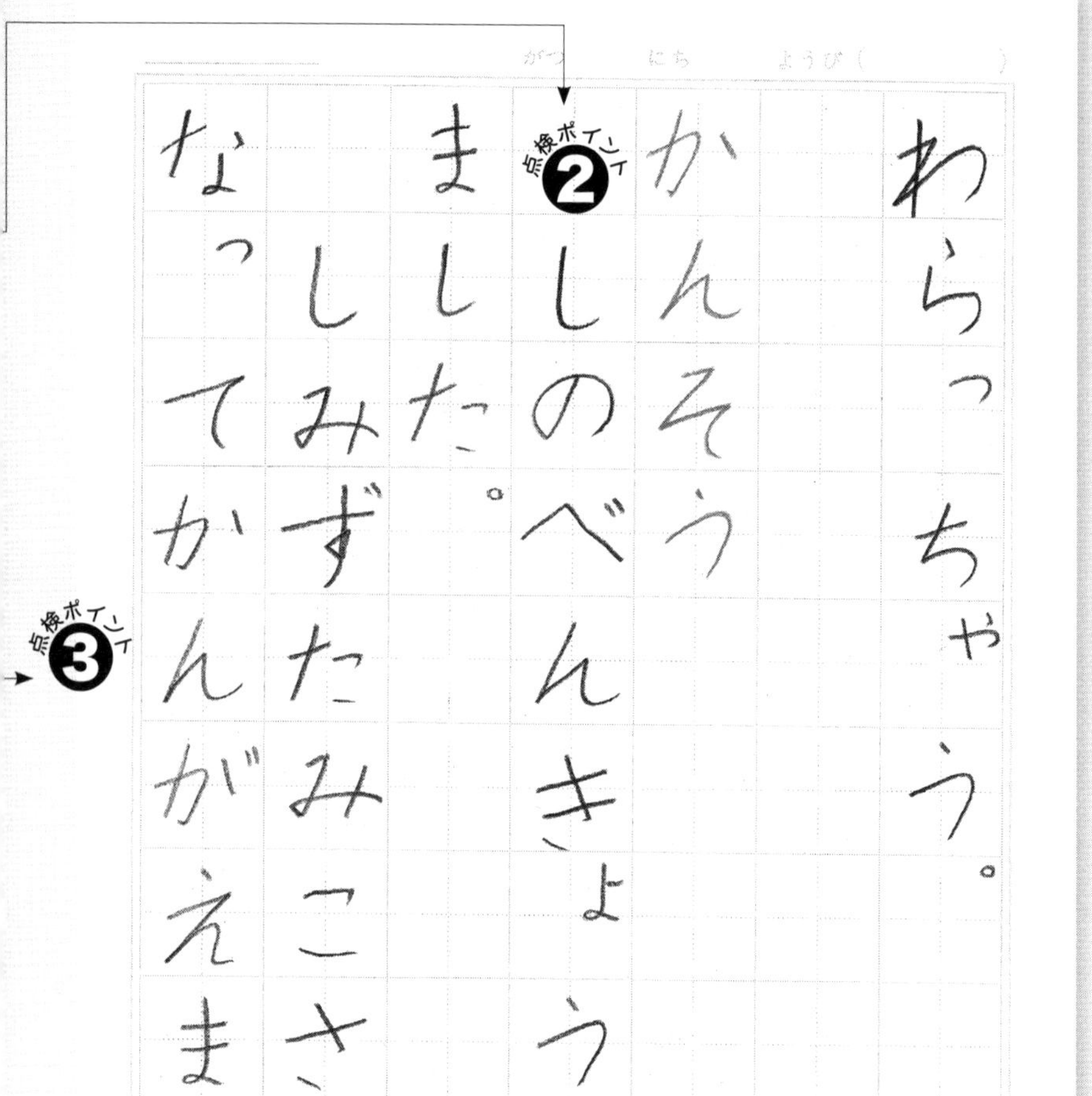

わらっちゃう。

かんそう

しのべんきょうをし
ました。

しみずたみこさんに
なってかんがえました。

点検ポイント2

感想に「しのべんきょうをしました。」と書いています。音読した、言葉を見つけたなど、詩の勉強の何をしたのか、**具体的なことを書かせると内容に広がりが出ます。**

点検ポイント3

何を考えたかということの例として、好きな言葉、見つけた言葉など**大事な言葉を書き加えさせる**と感想が生き生きし、ノートにふくらみが出てきます。

ここを二年生につなげよう

一年生では黒板を丁寧に写すことが主な学習活動です。二学期から三学期にかけて、書き写す能力を育ててきました。**感想を書くという活動を取り入れて学習の順序、見つけた言葉を書かせる方法は効果があります。二年生へつなぐまとめの大事な指導です。**

説明文

具体的に書く

課題を決め、答えになるものを考えさせたノートです。事柄を順序よく書いているか、感想を書いているかということに着目してノートを点検します。幅広く言語活動をした授業では、学習活動と言葉の習得を一体化にした育てるノートになっているか点検をします。

点検ポイント１

〈どんな車があるかな〉という項目と具体的な車がきちんと整理されているか点検をします。ポンプ車、しょうぼう車など、具体的な車の上に「・」をつけて、よりわかりやすいノートにしており、思考的にも整理されている様子がよくわかるノートになっています。

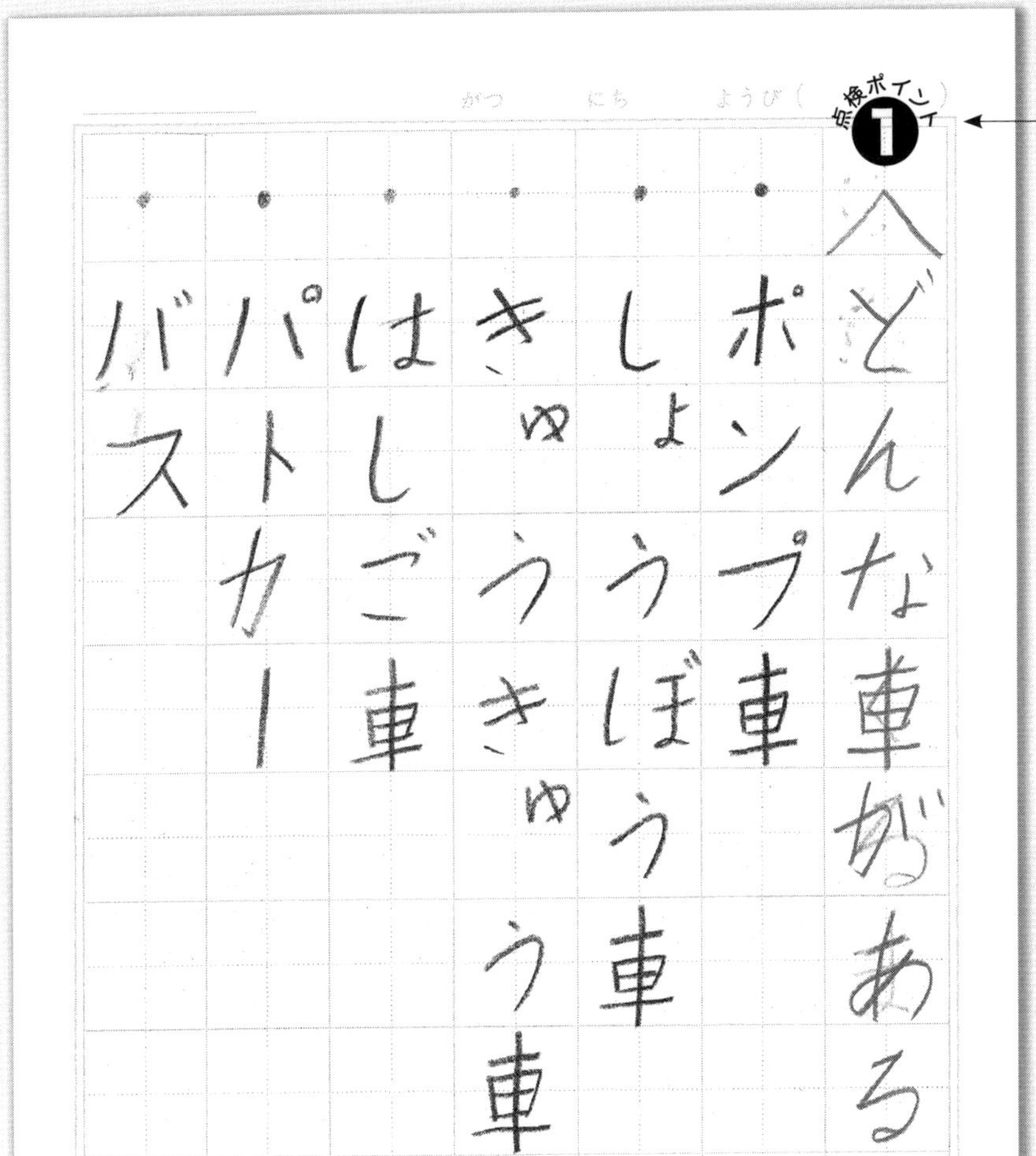
がつ　にち　ようび（　）

点検ポイント 1

〈どんな車があるかな〉

・ポンプ車

・しょうぼう車

・きゅうきゅう車

・はしご車

・パトカー

・バス

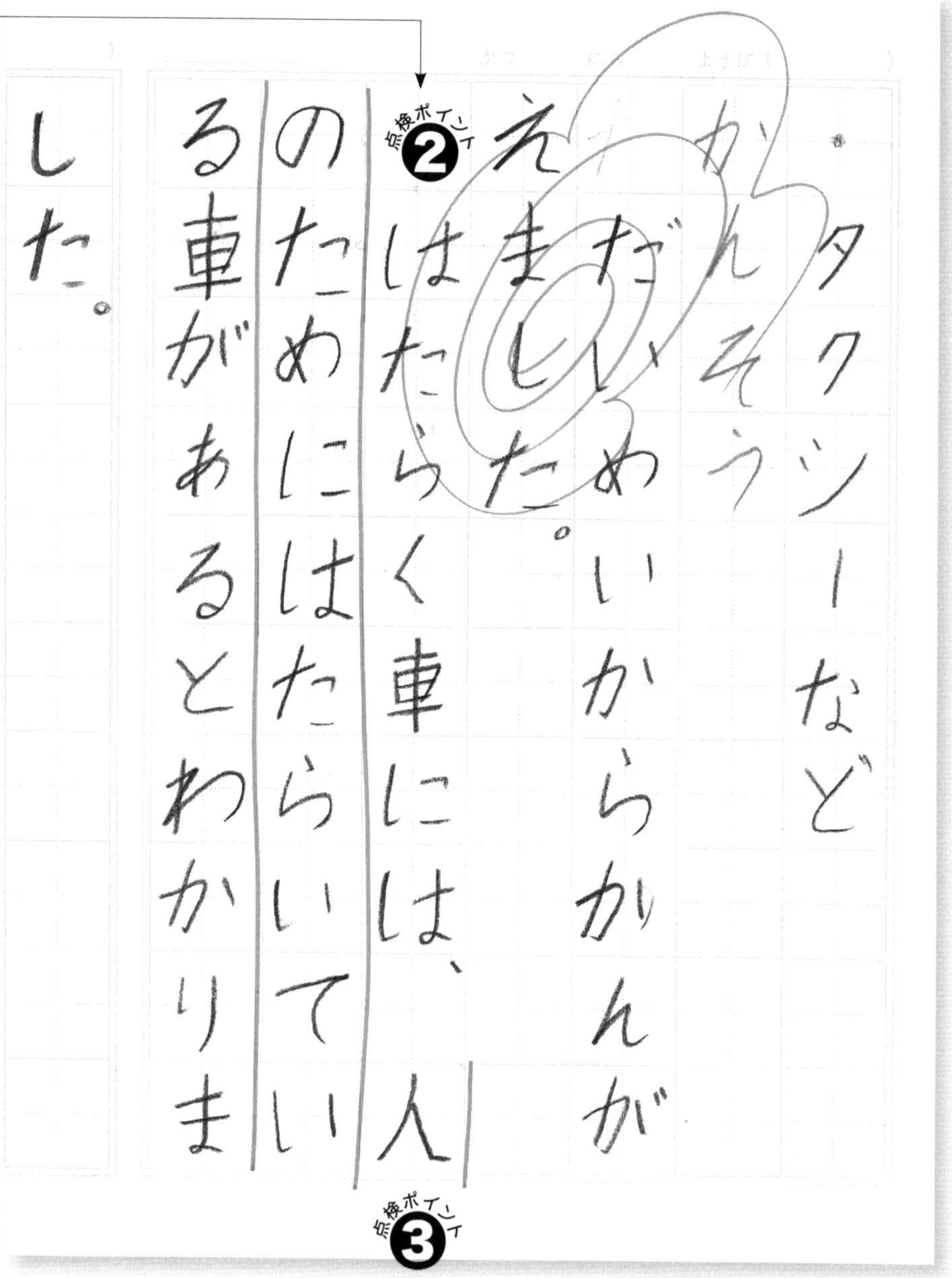
タクツーなど
かんそう
だいめいからかんが
えました。
はたらく車には、人
のためにはたらいてい
る車があるとわかりま
した。

点検ポイント2

学習の要点を良く捉えています。それは、人のために働いている車を表現しているからです。また、それぞれ、**それがどの車なのか、具体的に書いていると学習成果がよくわかります。**

点検ポイント3

改善点としては、「ポンプ車のことがよくわかりました。」「パトカーは知っていました」というように、**具体的な車の名前を書き加える**と、後からノートを見返しても思い出す手がかりが残ります。

ます目からはみ出さないように書いています。ですから、読みやすく美しいノートになっています。

ここを二年生につなげよう

「考えました」「わかりました」という言葉ですべてを表現した気分になる傾向が生まれてきます。これらは一年生後半の子どもにとって、少し値打ちのある言葉という思いが強いのです。これを続けさせると、感想は「うれしかった、楽しかった、おもしろかった」という方向に流れていくことがあります。**具体を書き込ませることで、安易に流れようとする言葉の使い方に歯止めをかけるようにします。**

物語文

考えたことを書く

物語文では、登場人物の行動や会話を中心に学習を進めます。ノートでは、言葉や事柄を大切にしながら考えたことも書くように広げていきます。一体化させた感想へ育てるノートになっているか点検をします。

点検ポイント1

日付（旧暦）、タイトル、作者名、めあて、がきちんと書けているかを点検します。日付、タイトル、作者名、めあてを書くことはノートづくりの基本です。二年生に進級しても忘れないようにもう一度、確認しておきましょう。

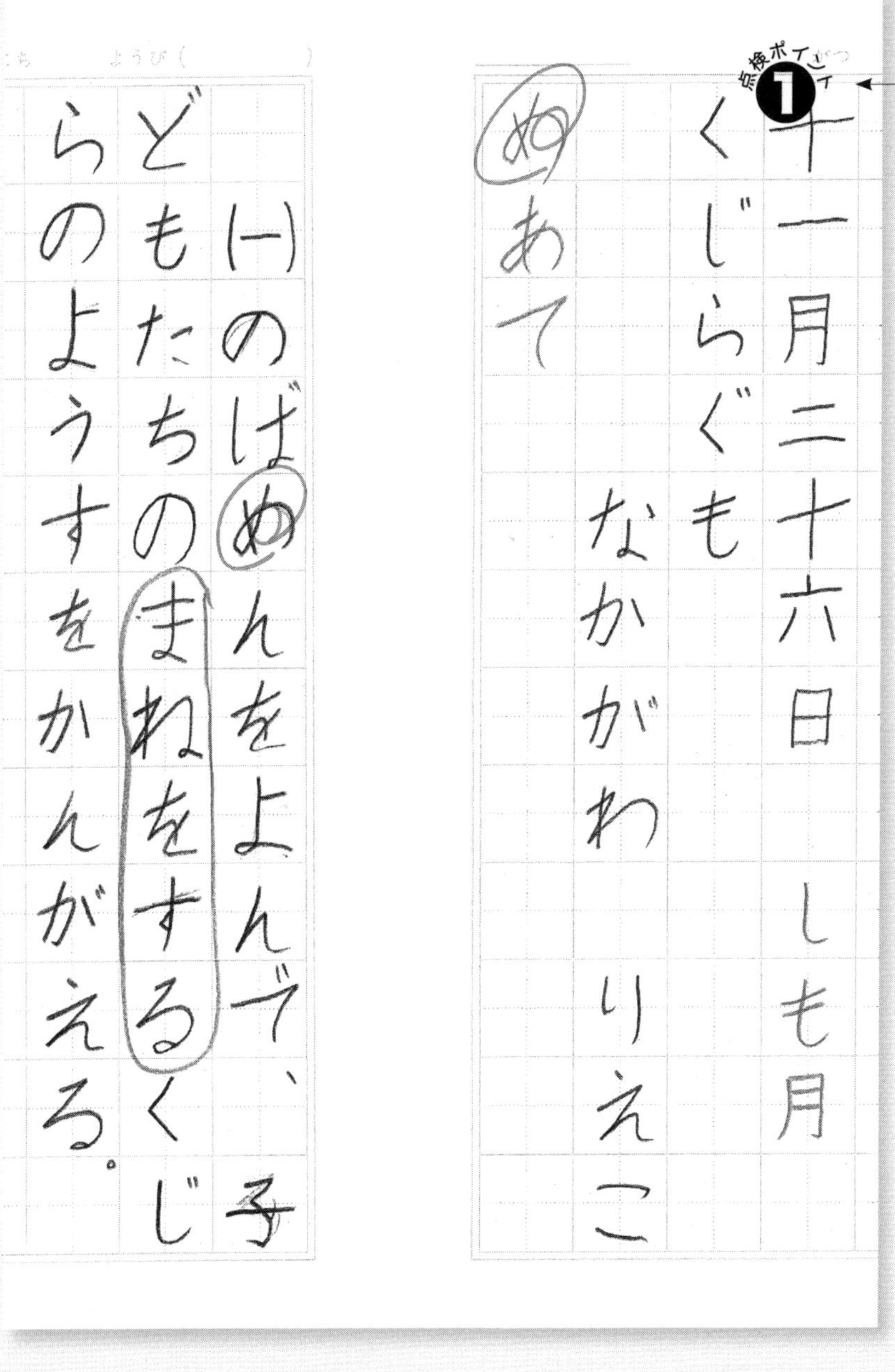
点検ポイント
1
十一月二十六日　しも月
くじらぐも
なかがわ　りえこ
めあて
ようび（　）
㈠のばめんを上んで、子
どもたちのまねをするくじ
らのようすをかんがえる。

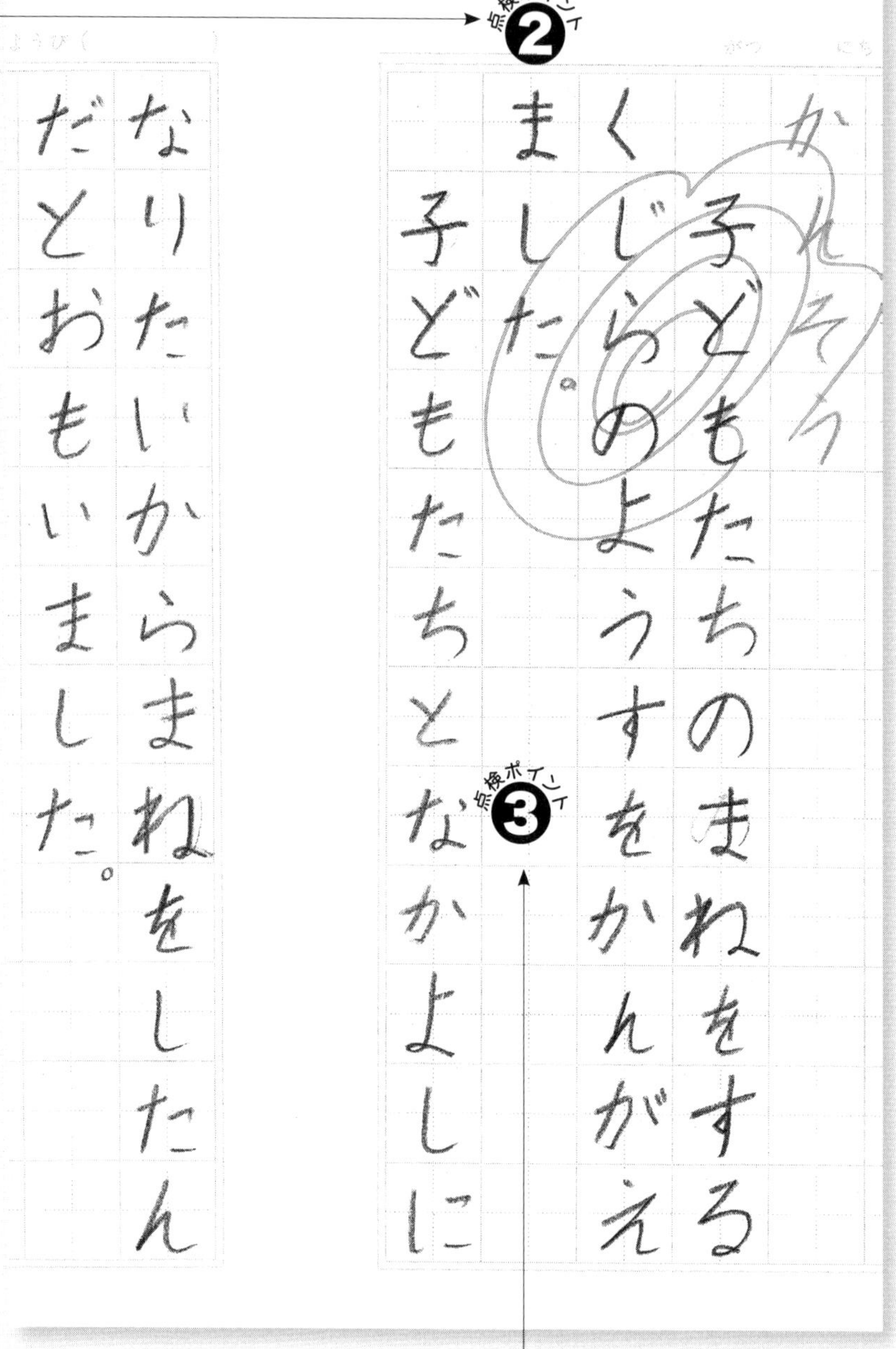
点検ポイント 2
がつ　にち
かんそう
子どもたちのまねをする
くじらのようすをかんがえ
ました。
子どもたちとなかよしに
点検ポイント 3
ようび（　）
なりたいからまねをしたん
だとおもいました。

点検ポイント②

目標である様子を考えるという記述で、学習活動がよくわかります。しかし、この文で完結しているので、**何を考えたかを記述する必要があります。**

板書には学習している内容の大事なことを書きます。ノートにその言葉を写させると内容理解が深くなります。

点検ポイント③

仲よしになりたいからという書き方は、学習内容を理解した表現です。何をまねしたか、まねした結果、どこがおもしろいか、**学習の様子が書き込まれるともっと良いノートになります。**

「思いました」の記述が続くと控えめな表現になるので、「しました」「考えました」などに変えていけるような方向で指示をします。

ここを二年生につなげよう

題名と学習活動をつないで表現できる力が育つ一年生です。**学習活動の楽しさが文や文章に表現できるように、文例を示して幅広く書く力を育てることが二年生につなぐ力です。**

「くじらぐも」では、自分が何を考えたか、どんな発表をしたかなどが、一文でも記述できることが望ましいのです。

第３章 ワークシート

コピーをしてご活用ください。

京女式《きょうじょしき》ワークシート

せんの れんしゅう

なまえ

1ねん　くみ

★まっすぐな　せんを　かき
ましょう。
はじめは、てんせんの
ところを　なぞって
かき　ましょう。
それから　ひとりで
かき　ましょう。

ここから　ここまで

ここから　ここまで

ここから　ここまで

ここから　ここまで

★せんを　なぞり　ましょう。

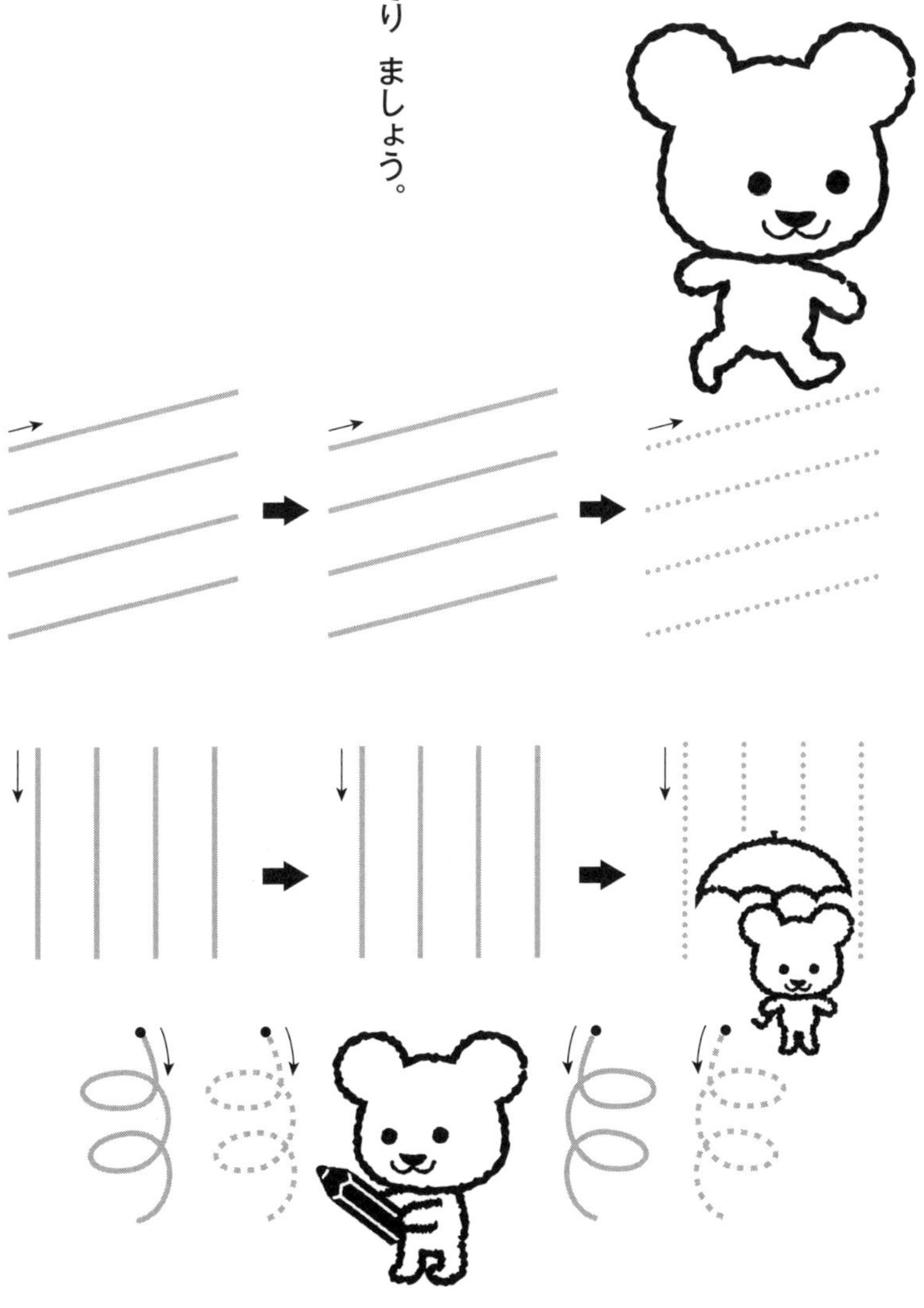

京女式《きょうじょしき》
ワークシート

あいうえおのれんしゅう

なまえ

1ねん　くみ

★あいうえお　かきくけこを　せんから　はみでない　ように　ていねいに　なぞりましょう。

あ

い

う

え

お　お

か　か

き　き

く　く

け　け

こ　こ

京女式《きょうじょしき》
ワークシート

ていねいに かきましょう

なまえ

1ねん　くみ

★せんから　はみでない　ように、ていねいに　なぞり　ましょう。

あり

つくえ

いぬ

えほん

おかし

きのこ

けむし

かに

くも

京女式《きょうじょしき》
ワークシート

もじを なぞり ましょう

なまえ

1ねん　くみ

★せんから　はみださない　ように　ていねいに　なぞり　ましょう。

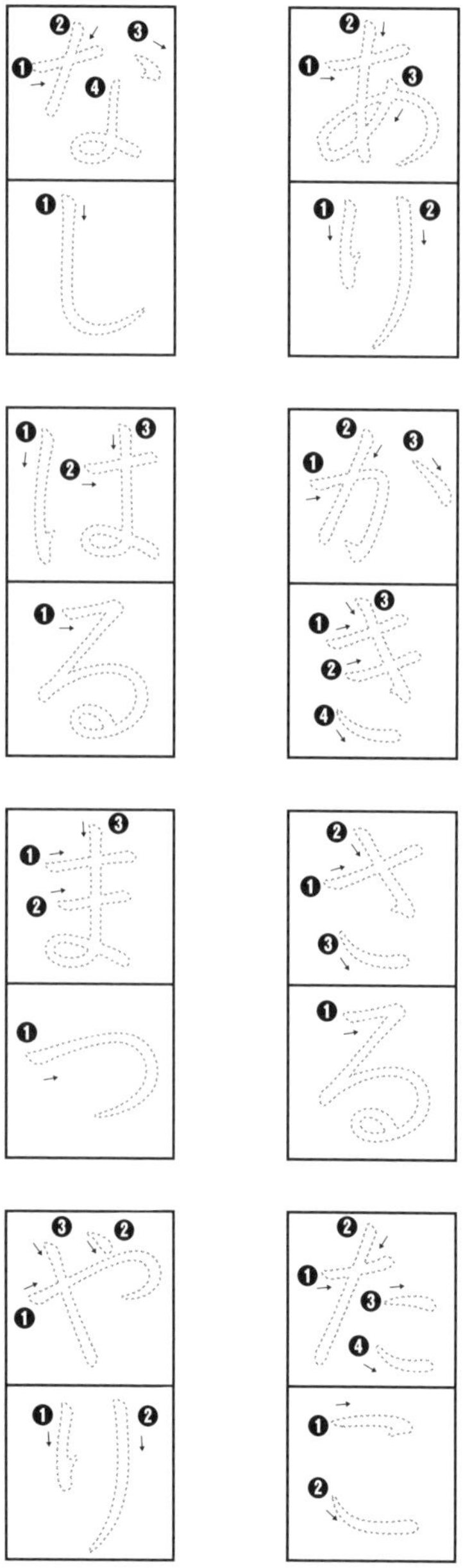

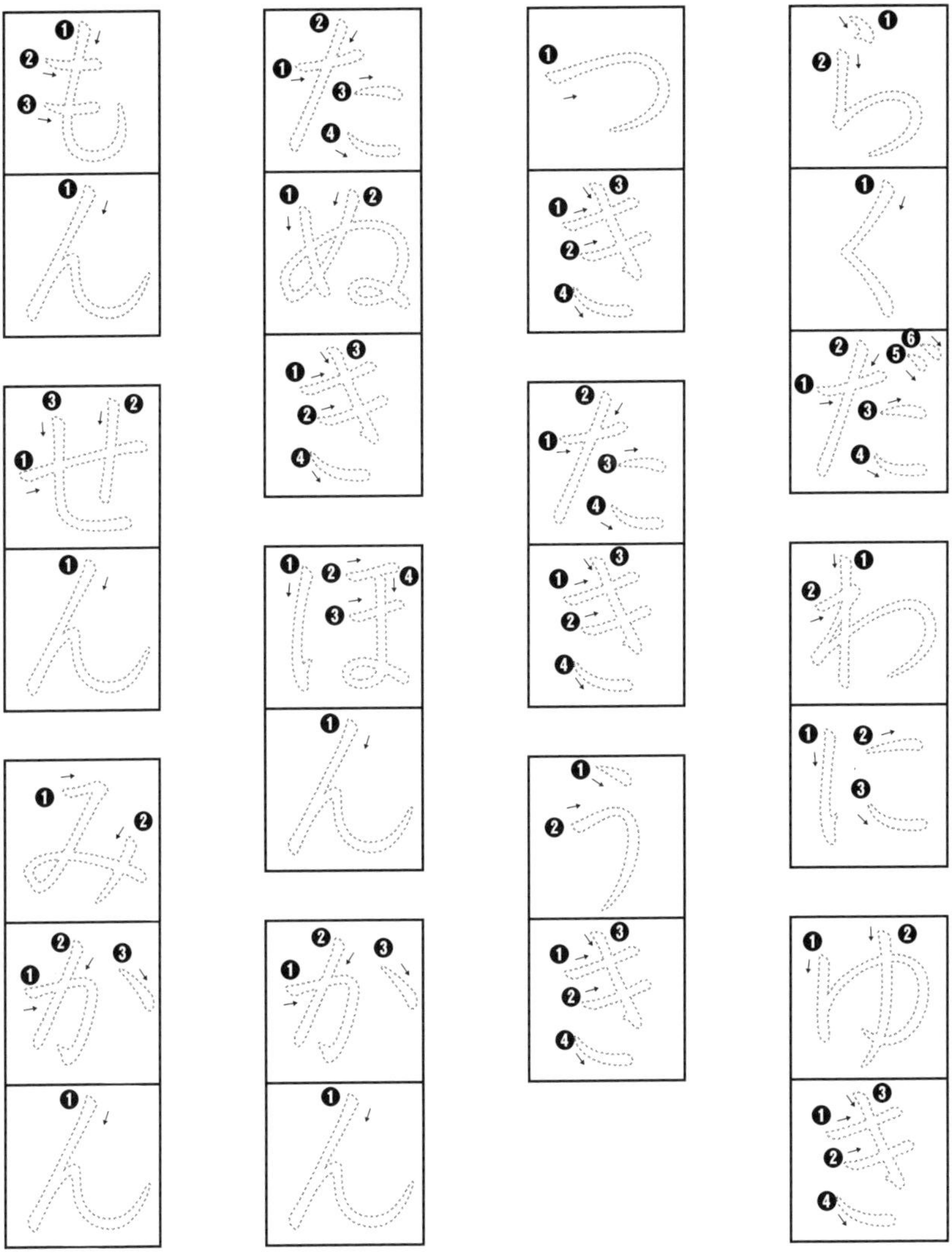

らくだ
わに
ゆき
つき
たき
うき
たぬき
ほん
かん
もん
せん
みかん

京女式《きょうじょしき》
ワークシート

にている けれど ちがう ことば

★ていねいに なぞりましょう。 こえに だして よみましょう。

1ねん　くみ
なまえ

かき

かぎ

まと

まど

おもち

おもちゃ

こま

ごま

ねこ

ねっこ

くき

くぎ

ふた

ぶた

かしや

かしゃ

びょういん
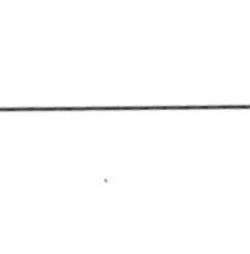

びよういん
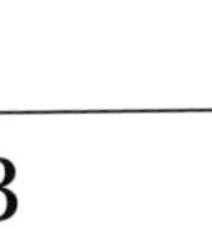

京女式《きょうじょしき》
ワークシート

ただしく かきましょう

なまえ

1ねん　くみ

★うえの ことばには まちがいの ところが あります。ただしく かきましょう。

いもおと ▼

やきゆう ▼

でんしや ▼

ひこおき ▼

こんにちわ

おとおさん

おねいさん

じゃんけん

きょうかしよ

たんじょうぴ

京女式《きょうじょしき》
ワークシート

ただしい もじを かきましょう

なまえ　　1ねん　くみ

★「わ」と「は」、「お」と「を」、「え」と「へ」の ただしい ほうの もじを かきましょう。

①ぼく□（わ・は）
むかしばなし□（お・を）よみました。

②わたし□（わ・は）
どうぶつえん□（え・へ）いきました。

③ □《え・へ》ほん□《お・を》
としょかんで かりてきました。

④ あした□《わ・は》
えんそくです。

⑤ □《お・を》とうとが
こうえん□《え・へ》あそびにいきました。

京女式《きょうじょしき》
ワークシート

ただしく「つ」「っ」をかきましょう

なまえ

1ねん　くみ

★ つ と っ の ただしい ほうを かきましょう。

き□て

げ□ようび

えに□き

が□こう　きっ□き

た□きゅう　はね□き

き□ぷ　と□きゅう

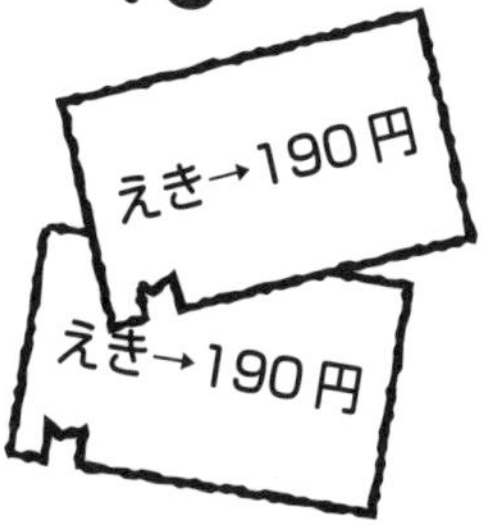

京女式《きょうじょしき》
ワークシート

ただしく かきましょう

なまえ

1ねん　くみ

★みぎのことばを ただしく かきましょう。

（れい）

×がつこう

がっこう

×きよおしつ

×せんせえ

×こおえん

×こおさく

7/8月

×こんにちわ

×たいく

×きゆうしよく

×いつしゆうかん

×おはよお

×おとおさん

京女式《きょうじょしき》
ワークシート

ことばで あそぼう・しりとり

なまえ

1ねん　　くみ

★①から じゅんに　えをみて　しりとりを　しましょう。
□に　ことばを　かきましょう。

① た□

② こ□

③ ま□

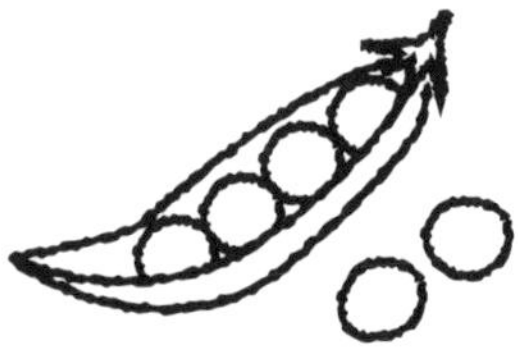

④ め□ね

⑤ □□こ

⑥ □ど□

⑦ □ちつ□

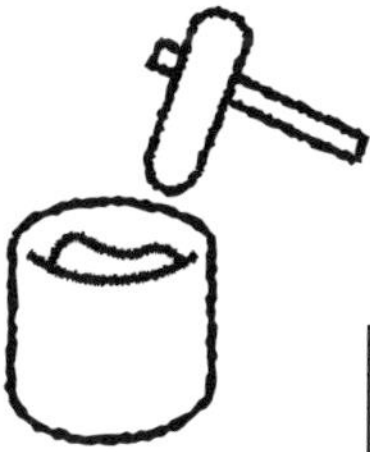

⑧ □りぎりす

⑨ □ずめ

⑩ め□□か

京女式《きょうじょしき》
ワークシート

ぶんを ていねいに かきましょう

★ひだりのぶんを　ていねいに　かきましょう。

なまえ

1ねん　　くみ

ともだちと　いっしょに　あそびました。

ともだちと　いっしょに　あそびました。

おにがしまへ　おにたいじに　いきました。

おにがしまへ　おにたいじに　いきました。

しゅくだいは　こくごと　さんすうです。
しゅくだいは　こくごと　さんすうです。

じてんしゃに　のる。
じてんしゃに　のる。

れんしゅうを　しました。
れんしゅうを　しました。

京女式《きょうじょしき》
ワークシート

ぶんを ていねいに かきましょう

★ひだりのぶんを　ていねいに　かきましょう。

なまえ

1ねん　　くみ

おかあさんの

てつだいを　しました。

7/8 月

うらしまたろうは　かめを　たすけました。
あさがおの　はなが　みっつ　さきました。
おじいさんは　やまへ
しばかりに　いきました。

京女式《きょうじょしき》
ワークシート

かたかなを かきましょう

なまえ

1ねん　　くみ

★えのことばを　かたかなで　かきましょう。
なぞって　かきましょう。

①

トマト

②

バス

③

バナナ

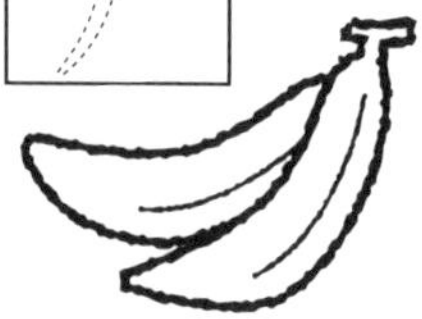

④

アルバム

⑤
オルガン

⑥
ゴリラ

⑦
プレゼント

⑧
ランドセル

京女式《きょうじょしき》
ワークシート

かんじを　かきましょう

★えにあう　かんじを　□に　かきましょう。

なまえ

1ねん　くみ

①　②　③

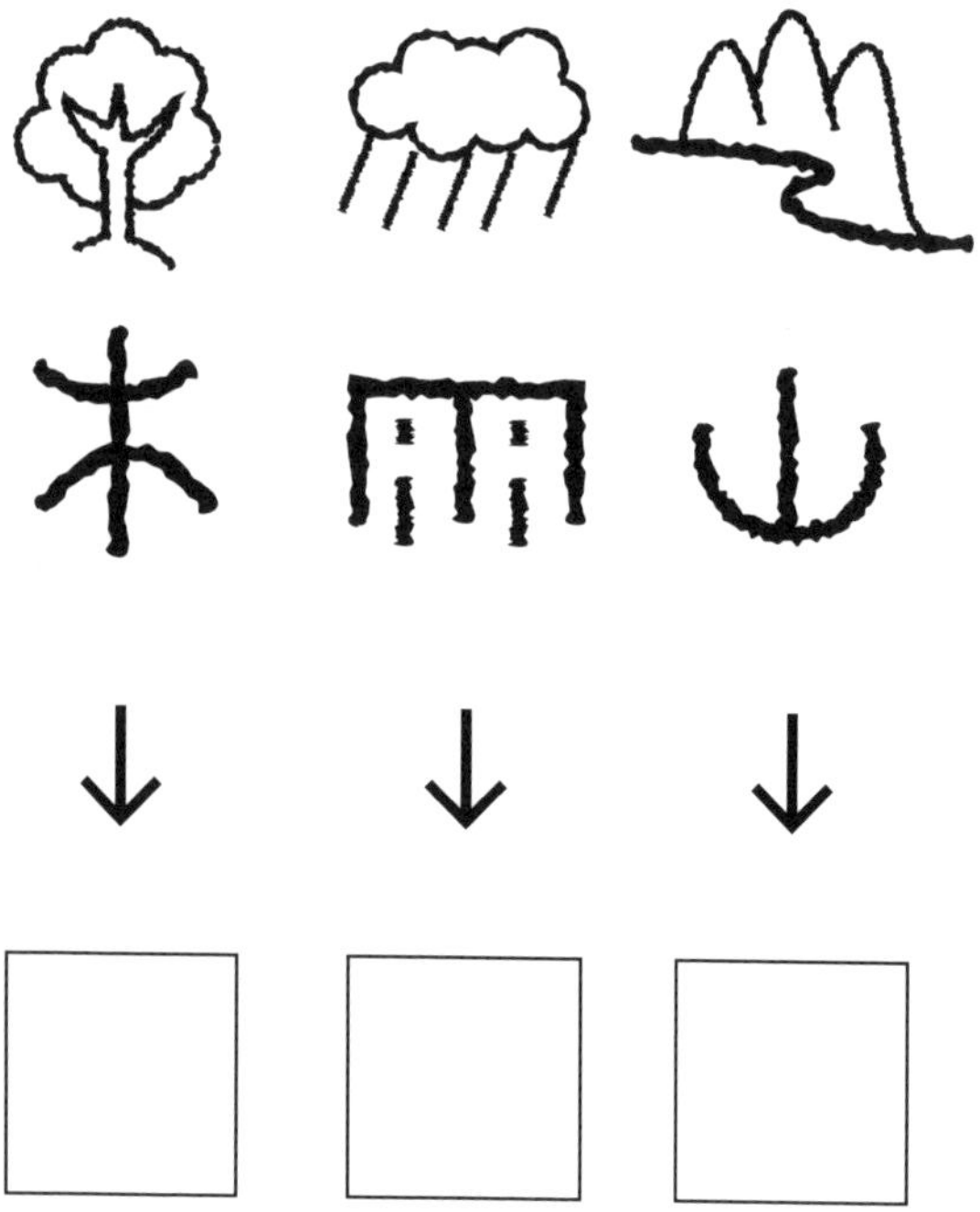

④ ⑤ ⑥ ⑦ ⑧

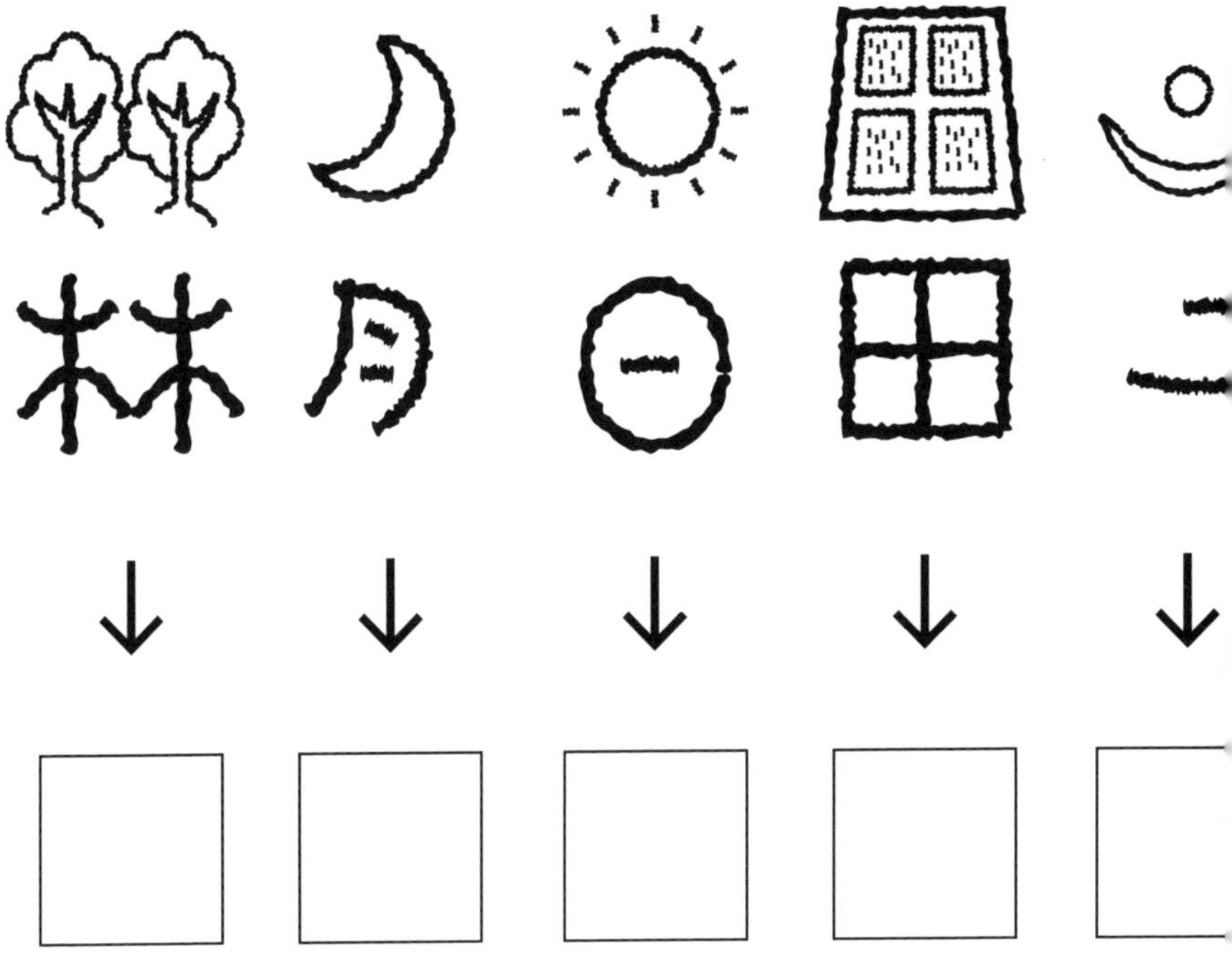

京女式《きょうじょしき》
ワークシート

よみかたを かきましょう

なまえ

1ねん　くみ

★よみかたを　かきましょう。
よみかたの　よこの　（　）に
かきましょう。

〈れい〉
ともだちが　五にん
（ご）にん

①
くるまが　二だい
（　）だい

②
おりがみが　五まい
（　）まい

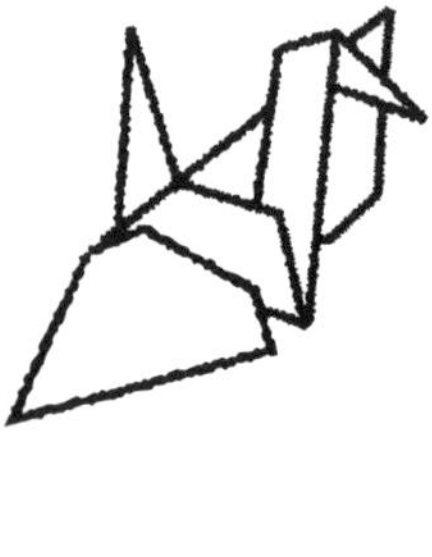

③ えほんが　六さつ《（　）さつ》

④ えんぴつが　八ほん《（　）ほん》

⑤ たかい　山《（　）》

⑥ 雨《（　）》がふる

⑦ つくえの　下《（　）》

⑧ 竹《（　）》やぶ

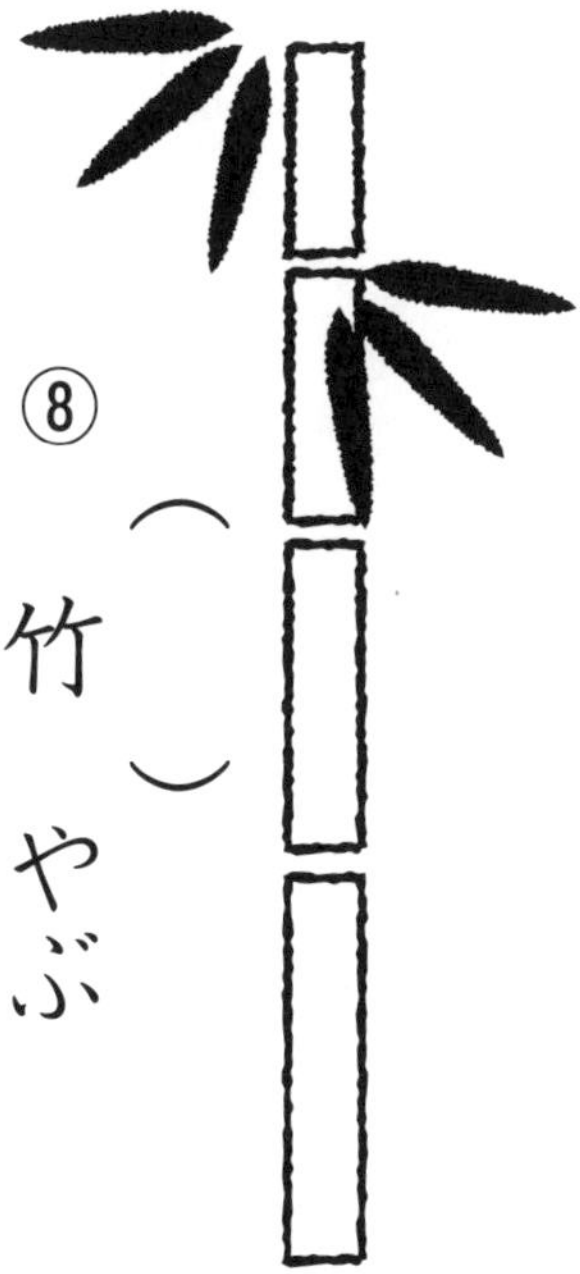

京女式《きょうじょしき》
ワークシート

かわる よみかた

★かん字の　よみかたを　（　）のなかに　かきましょう。

なまえ

1ねん　　くみ

〈れい〉

小（しょう）学生—小（ちい）さい子

青い空（　）—青空（　）

お金（　）—金（　）よう日

月が出（　）る—はがきを出（　）す

火のようじん—火よう日

一年生—犬が生まれる

月が出る—十一月—月よう日

じどう車—車にのる

お年だま—三年生

六つ—六日

京女式《きょうじょしき》
ワークシート

ただしいのは どちら でしょう

なまえ

1ねん　　くみ

★二つのかんじのうち　ただしいのは　どちらでしょう。
□に　ただしい　かん字を　かきましょう。

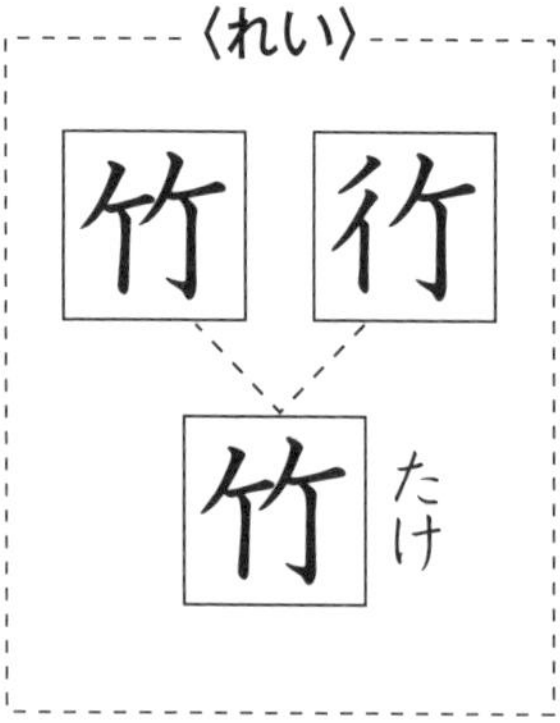

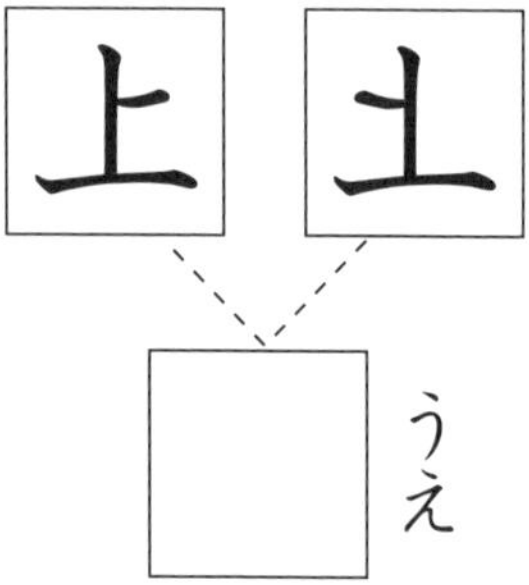

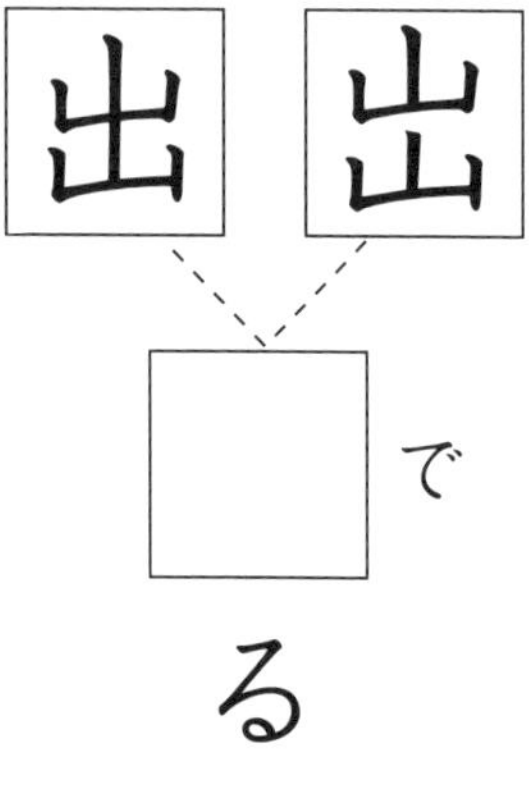

木 木

□ き

女 女

□ おんな

耳 耳

□ みみ

青 青

□ あお

虫 虫

□ むし

車 車

□ くるま

男 男

□ おとこ

京女式《きょうじょしき》ワークシート

文にあうことば

なまえ

1ねん　　くみ

★（　）のなかに　ことばを　入れましょう。
□のことばを　かん字で　かきましょう。
ヒントの中から　ことばを　みつけましょう。

〈れい〉
犬《いぬ》が（ワンワン）ほえました。

★ヒント

大　空　小　出　白
水　花
ざっくざっく　どんどん
ふわふわ　ぽっかり
ポトポト　ぱっと

□《おお》ばん□《こ》ばんが（　　　）

かれ木に□《はな》が（　　　）とさきました。

すいどうの□が（　　）とおちています。

□《しろ》いくもが（　　）うかんでいます。

チロはとび□《だ》して（　　）はしっていきました。

ふうせんが□《そら》にむかって（　　）とんでいきます。

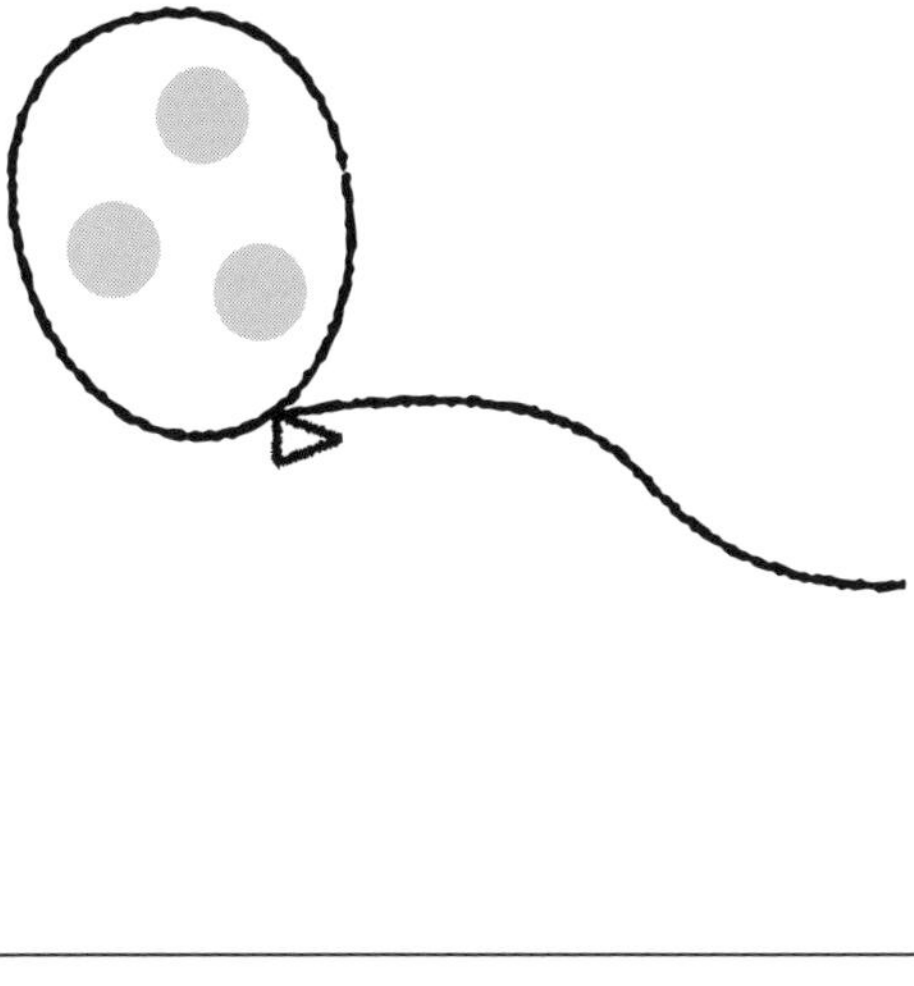

京女式《きょうじょしき》
ワークシート

なんばんめに かく じでしょう

なまえ

1ねん　　くみ

★くろいところは　なんばんめに　かきますか。
ばんごうを　かきましょう。

〈れい〉

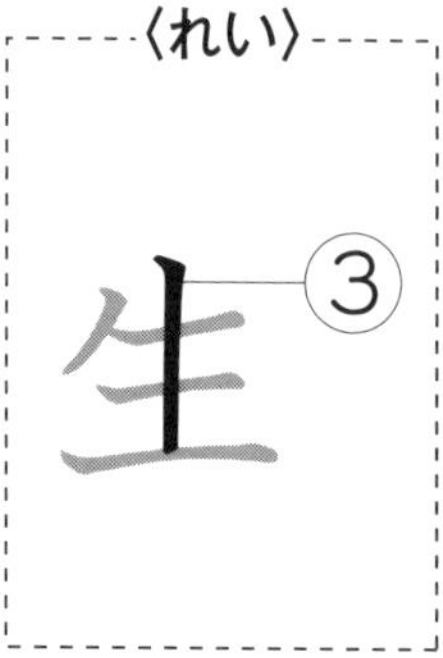

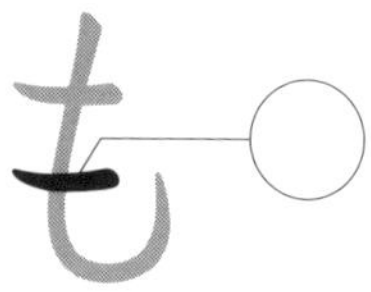

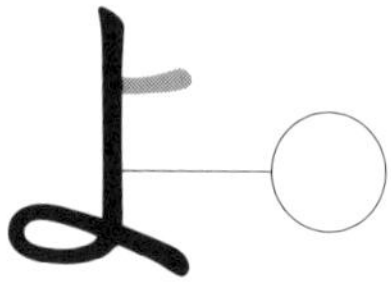

車　王　ネ

年　チ

町　出

京女式《きょうじょしき》
ワークシート

じどう車の なまえ

なまえ

1ねん　くみ

★じどう車の　なまえを　みつけて　かきましょう。

〈れい〉

バ	ス	ヘ	リ	コ
イ	モ	ノ	レ	プ
ク	ト	ラ	ル	タ
シ	レ	ッ	ク	ク
ヨ	ベ	ル	カ	レ
ー	ケ	ブ	ル	ン

							〈れい〉 ヘリコプター

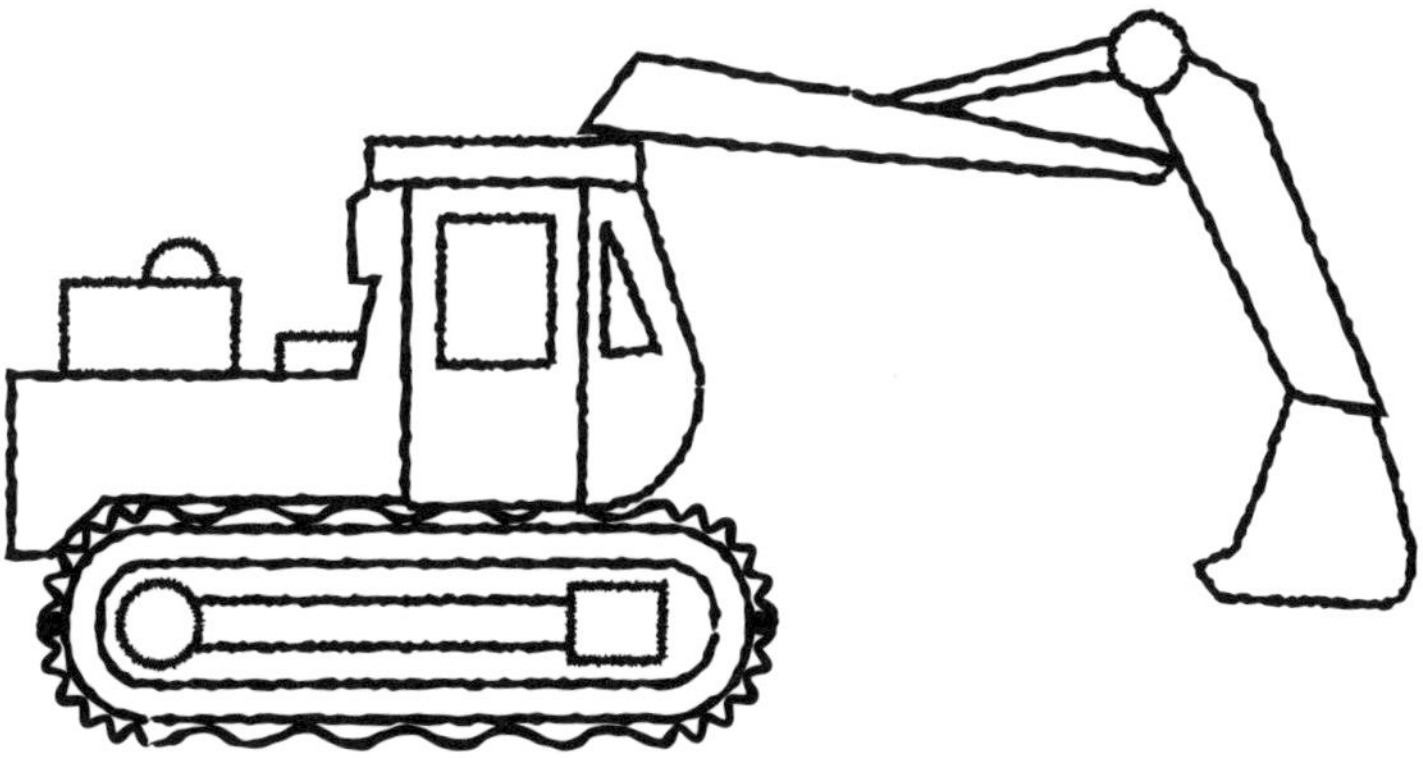

京女式《きょうじょしき》
ワークシート

正しく かきましょう

1ねん　くみ

なまえ

★左の文の ―― のところは まちがいです。
れいのように 右に正しく かきましょう。

〈れい〉

あす 雨が ふるでしょう。

あす 雨が ふりました。

ノートは　　　と かぞえます。

ノートは 一ぴき二ひき と かぞえます。

は　子どもの日です。

七月七日　は　子どもの日です。

お手がみを　かきました。

おばあさんえ　お手がみを　かきました。

は　ようちえんへ　いっています。

おとおと　は　ようちえんへ　いっています。

おいしい　でした。

おいしい　すうぷ　でした。

京女式《きょうじょしき》
ワークシート

かくれている ことば

なまえ

1ねん　　くみ

★もんだいの こたえを かきましょう。
よこに かくれている ことばが できます。

かくれていることば

〈ヒント〉

①まえのはんたい
②はねのくろいとり
③ももたろう　いっすんぼうしのおはなし
④正しいのはんたい
⑤やさいなどをつくるところ
⑥きょうしつのよこにある
⑦おかあさんのはんたい

①	②	③	④	⑤	⑥	⑦
		む				お
	か			は		と
し	す	ば	ち	け	う	さ
ろ			が		か	ん
		し	い			

こたえ

124p

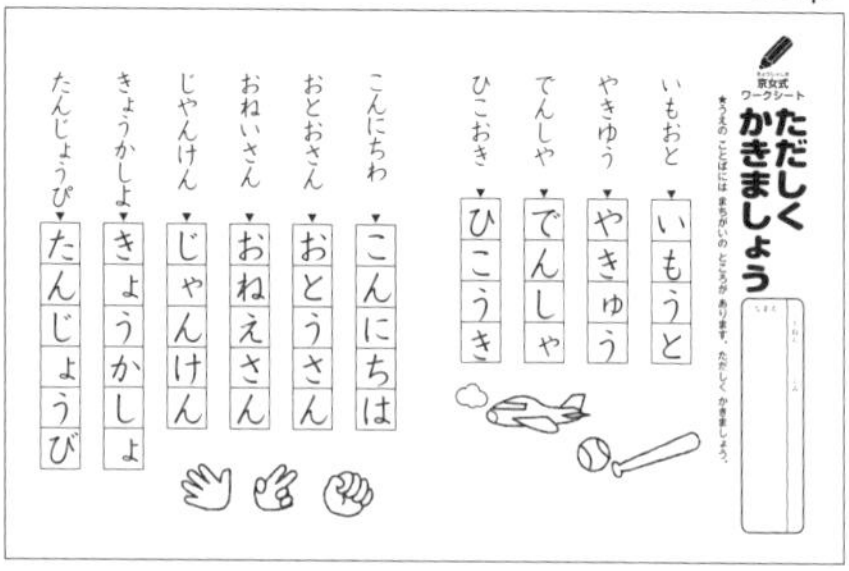

126p

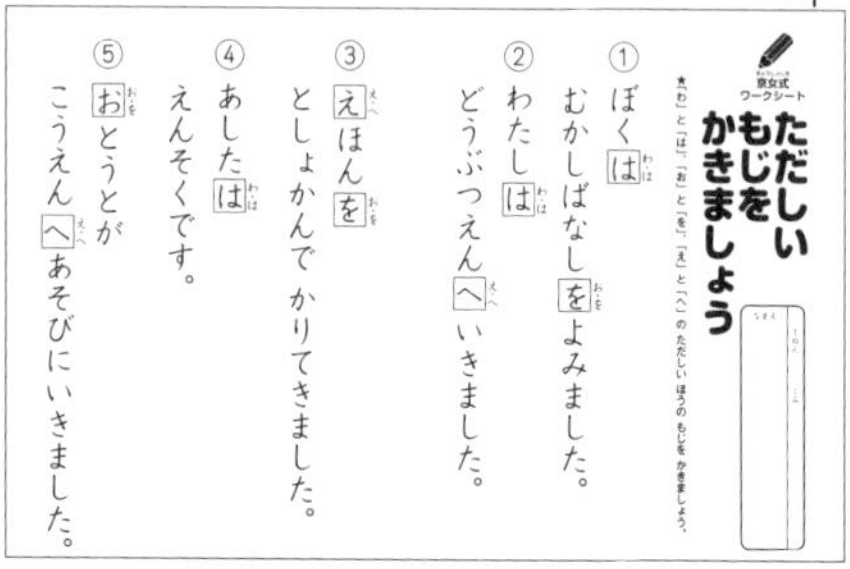

128p

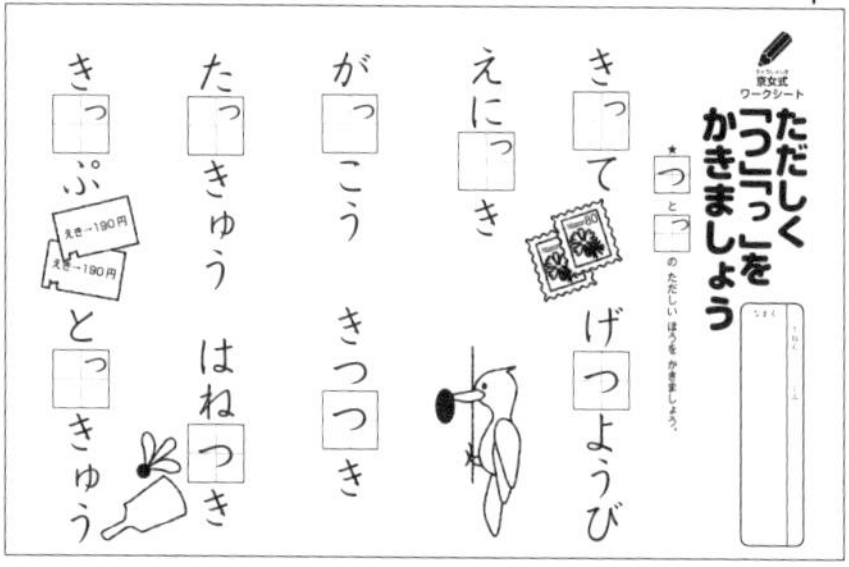

130p

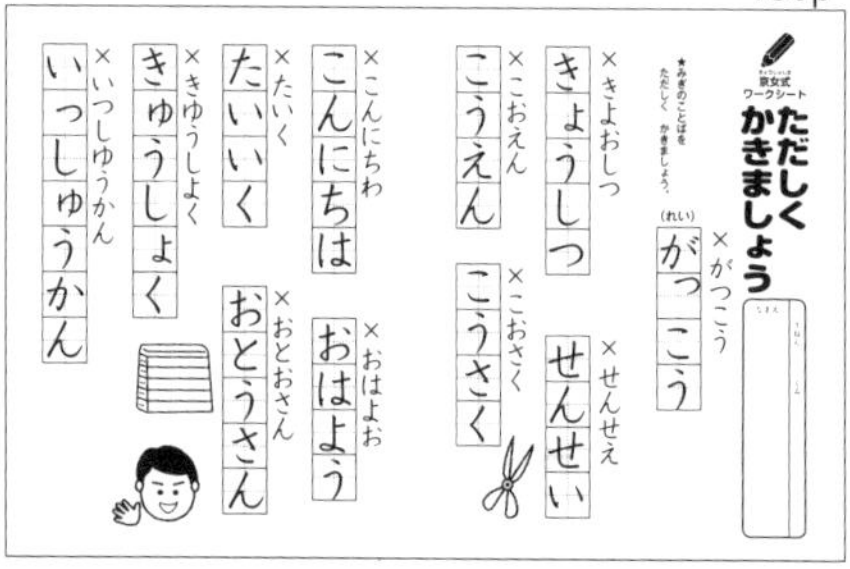

132p

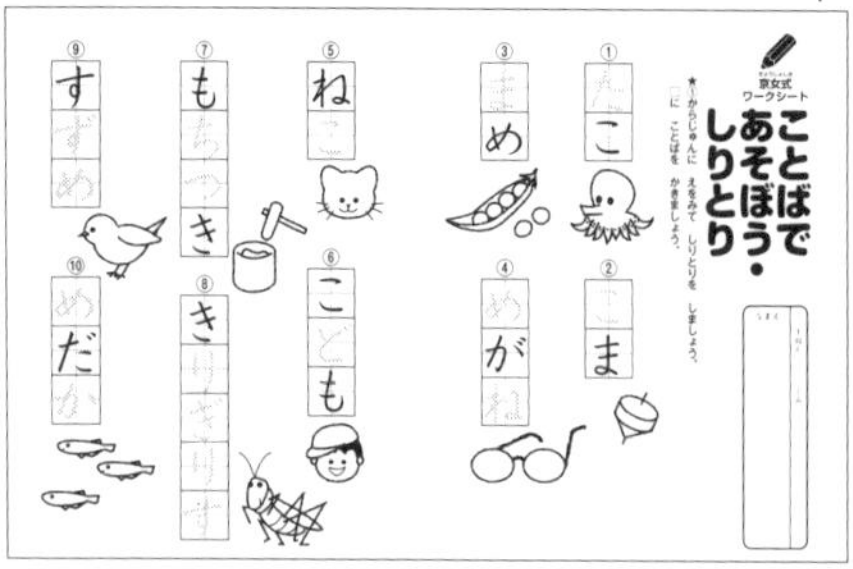

140p

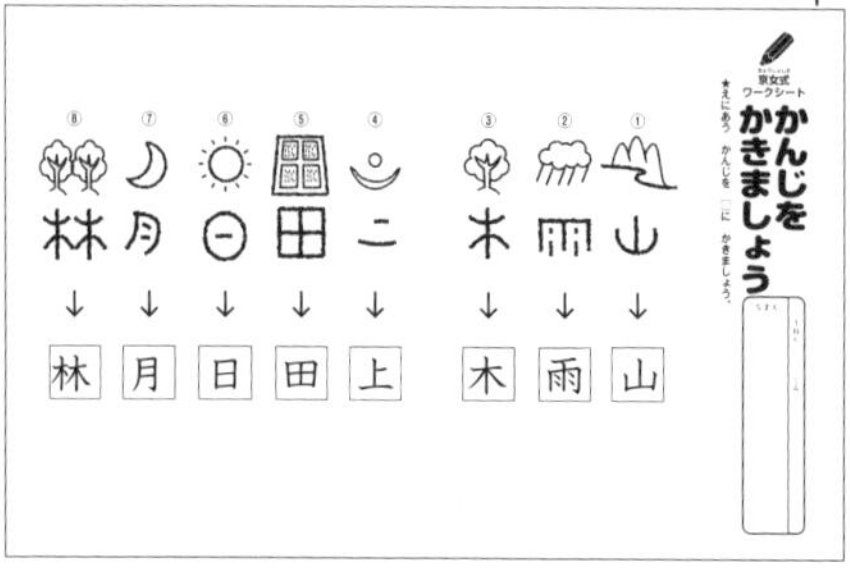

142p

144p

こたえ

146p

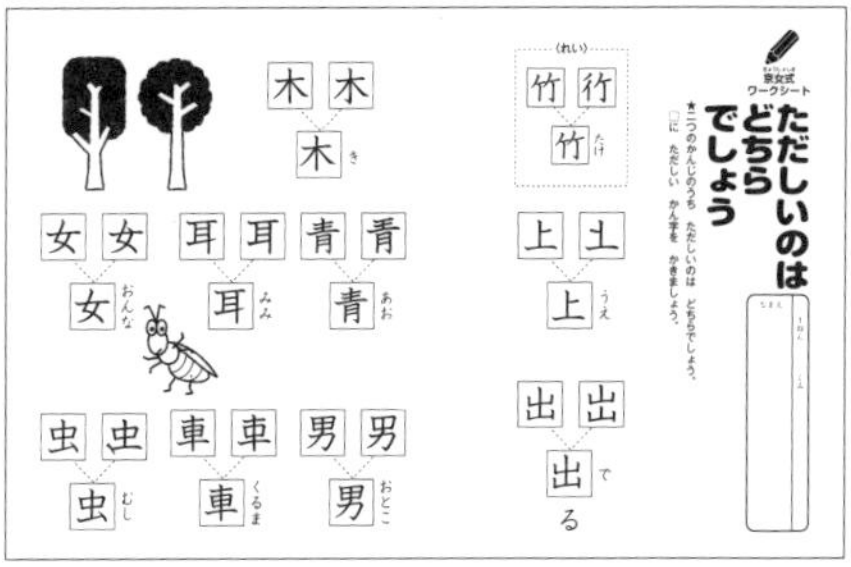

京女式《きょうじょしき》ワークシート
ただしいのは どちらでしょう
★二つのかんじのうち ただしいのは どちらでしょう。□に ただしい かん字を かきましょう。
（れい）竹 竹《たけ》
木 木《き》
女 女《おんな》
耳 耳《みみ》
青 青《あお》
上 上《うえ》
出 出《で》る
虫 虫《むし》
車 車《くるま》
男 男《おとこ》

148p

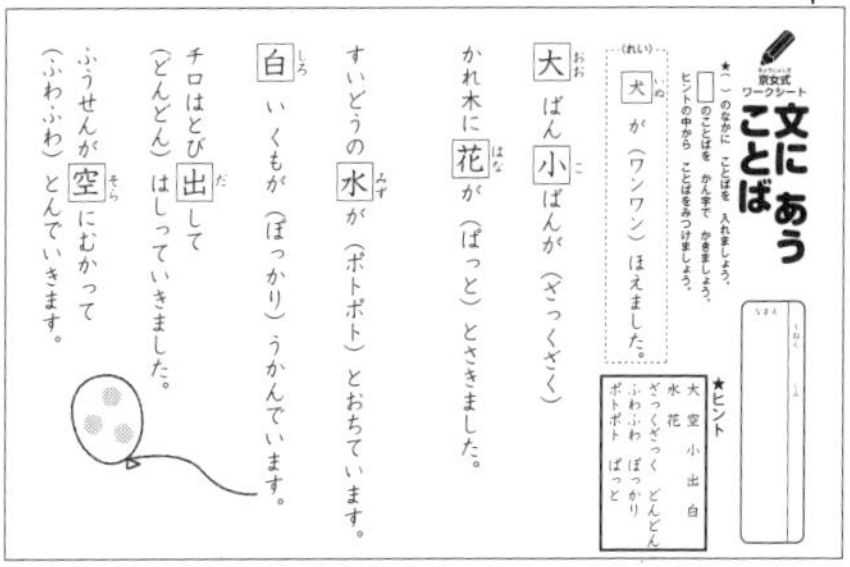

京女式《きょうじょしき》ワークシート
文にあうことば
★（ ）のなかに ことばを 入れましょう。□のことばを かん字で かきましょう。ヒントの中から ことばをみつけましょう。
（れい）犬《いぬ》が（ワンワン）ほえました。
大《おお》ばん 小《こ》ばんが（ざっくざく）
かれ木に 花《はな》が（ぱっと）とさきました。
すいどうの 水《みず》が（ポトポト）とおちています。
白《しろ》いくもが（ぽっかり）うかんでいます。
チロはとび出《だ》して（どんどん）はしっていきました。
ふうせんが 空《そら》にむかって（ふわふわ）とんでいきます。
★ヒント
大 空 小 出 白 水 花
ざっくざっく どんどん ふわふわ ぽっかり ポトポト ぱっと

150p

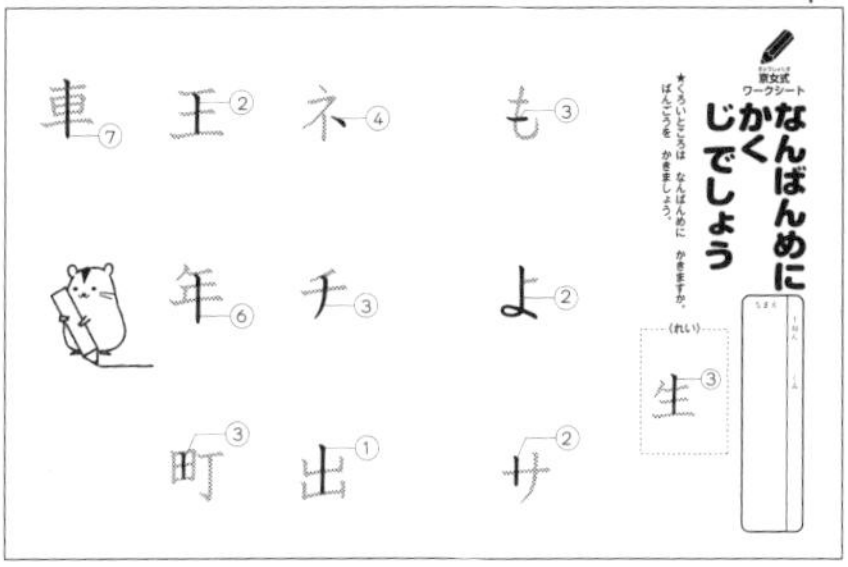

京女式《きょうじょしき》ワークシート
なんばんめに かく じでしょう
★くろいところは なんばんめに かきますか。ばんごうを かきましょう。
（れい）生 ③
も ③　ネ ④　王 ②　車 ⑦
よ ②　チ ③　年 ⑥
サ ②　出 ①　町 ③

152p

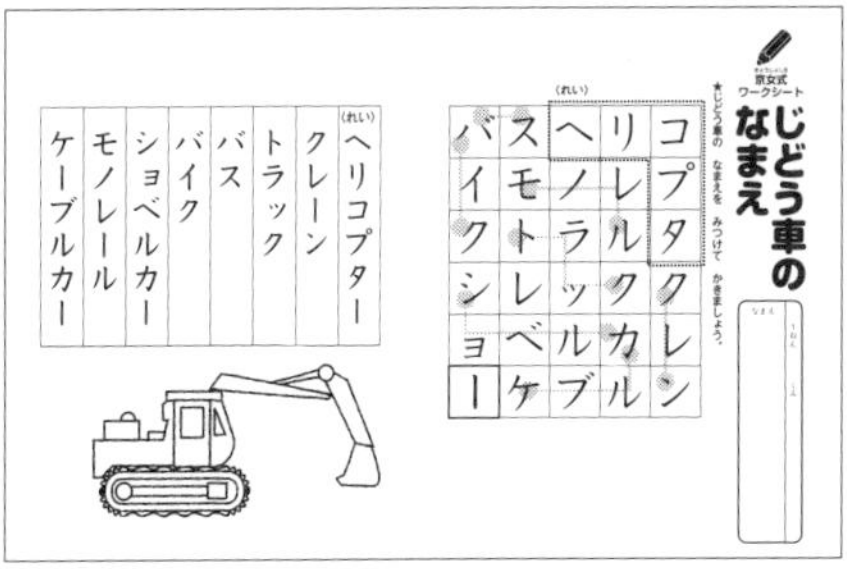

京女式《きょうじょしき》ワークシート
じどう車のなまえ
★じどう車の なまえを みつけて かきましょう。

バ	ス	ヘ	リ	コ
イ	モ	ノ	レ	プ
ク	ト	ラ	ル	タ
シ	レ	ッ	ク	ク
ョ	ベ	ル	カ	レ
ー	ケ	ブ	ル	ン

（れい）ヘリコプター
クレーン
トラック
バス
バイク
ショベルカー
モノレール
ケーブルカー

154p

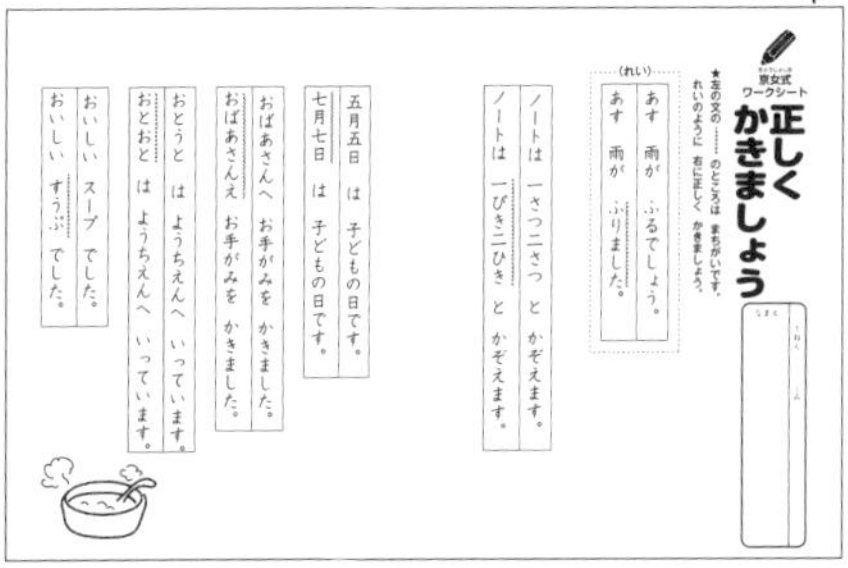

京女式《きょうじょしき》ワークシート
正しく かきましょう
★左の文の……のところは まちがいです。れいのように 右に正しく かきましょう。
（れい）あす 雨が ふるでしょう。／あす 雨が ふりました。
ノートは 一さつ二さつ と かぞえます。／ノートは 一ぴき二ひき と かぞえます。
五月五日 は 子どもの日です。／七月七日 は 子どもの日です。
おばあさんへ お手がみを かきました。／おばあさんえ お手がみを かきました。
おとうと は ようちえんへ いっています。／おとおと は ようちえんへ いっています。
おいしい スープ でした。／おいしい すうぷ でした。

156p

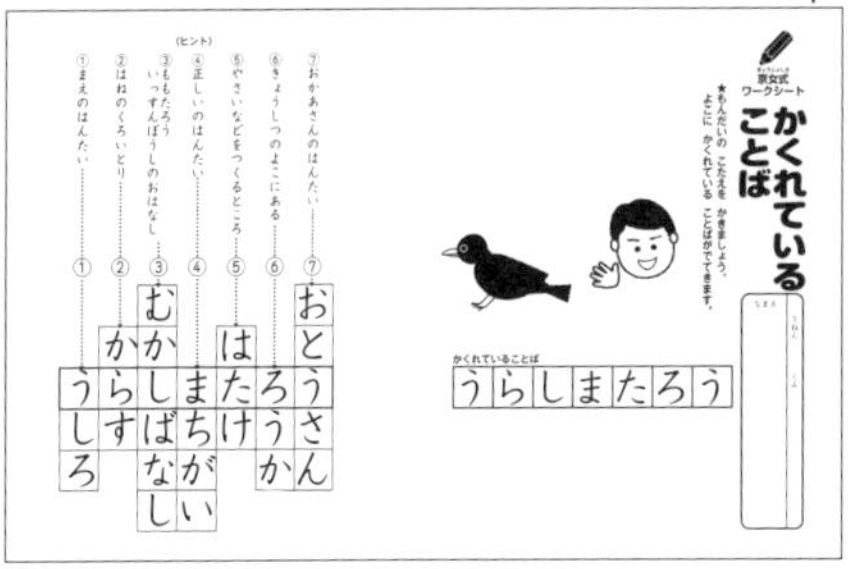

京女式《きょうじょしき》ワークシート
かくれている ことば
★もんだいの こたえを かきましょう。よこに かくれている ことばがでてきます。
（ヒント）
①まえのはんたい
②はねのくろいとり
③ももたろう いっすんぼうしのおはなし
④正しいのはんたい
⑤やさいなどをつくるところ
⑥きょうしつのよこにある
⑦おかあさんのはんたい
① うしろ
② からす
③ むかしばなし
④ まちがい
⑤ はたけ
⑥ ろうか
⑦ おとうさん
かくれていることば
うらしまたろう

著／吉永 幸司

profile●吉永 幸司（よしなが こうし）

1940年滋賀県長浜市に生まれる。滋賀大学学芸学部卒業。

滋賀大学教育学部附属小学校教諭（26年間）、同副校長、公立小学校校長を経て、現在、京都女子大学教授・同附属小学校校長。著書に『考える子どもを育てる 京女式ノート指導術 小学校国語』『京女式ノート指導術2』『吉永幸司の国語教室』『新任教師力』最新刊『オールカラー・ビジュアル版 親子で学ぶ 京女式しつけ術』（以上小学館）、『「書くこと」で育つ学習力・人間力』（明治図書）他多数。第27回「読売教育賞」（読売新聞社）、「優秀教育企画賞」（全国初等教育研究所）他受賞多数。

ホームページ http://kokugo-k.com/

編／小学館「教育技術」編集部

イラスト・デザイン◆trispiral藤崎知子
編集協力◆浅原孝子
編集◆和田国明

※本書の内容は、平成 23 年度「小一教育技術」で 1 年間連載された原稿と DVD ワークシートを基に、大幅に加筆・修正をして再編集しています。

はじめてのひらがな、カタカナ
一年生担任の
京女式《きょうじょしき》国語の
教育技術
2012 年 5 月 20 日 初版第 1 刷発行

著者 吉永 幸司
編者 小学館「教育技術」編集部
発行人 伊藤 護
発行所 小学館
〒 101-8001
東京都千代田区一ツ橋 2-3-1
電話 編集 03-3230-5547
販売 03-5281-3555
印刷所 萩原印刷株式会社
製本所 株式会社若林製本工場

ISBN978-4-09-837396-3